一生與國家共進退，一戰嶄露頭角，
二戰大放光芒，瓦解希特勒的稱霸之夢

納粹粉碎者 華西列夫斯基

Vasilevsky

他親身經歷了兩次世界大戰
成爲史達林最信任的左右手
一生兩度榮獲「蘇聯英雄」稱號

潘于眞，陳秀伶 編著

他是橫亙世界戰場的風雲人物──華西列夫斯基！

「要想成功一項事業，必須花掉畢生的時間。」

目錄

目錄

展露才幹

紅軍高參

智勇雙全

目錄

威震四方

附錄

序

生卒與經歷

亞歷山大·米哈伊洛維奇·華西列夫斯基（1895～1977），著名的軍事家，曾任蘇軍總參謀長、遠東軍總司令。1943年，榮獲蘇聯元帥軍銜。他一生中兩次榮獲「蘇聯英雄」稱號，獲得八枚列寧勳章，兩次獲蘇聯勝利勳章及其他勳章。

華西列夫斯基出生於伊萬諾沃州新戈利奇哈鎮的神職人員家庭。1915年9月，他在阿列克謝耶夫軍事學校速成班畢業後，參加第一次世界大戰。1919年參加對波蘭軍隊的作戰。1936年入總參軍事學院深造，第二年畢業後調總參謀部任職。1940年5月，出任蘇軍總參作戰部副部長，參與制訂蘇軍在北方、西方和西北方策略展開的作戰計劃。在蘇德戰爭期間，1941年8月任副總參謀長兼作戰部部長。1942年5月任總參謀長。

在史達林格勒會戰期間，華西列夫斯基直接指導和協調部隊對抗敵軍進攻，制訂反攻計劃，為徹底擊潰進攻之敵作出了貢獻。

序

1943 年 2 月,華西列夫斯基晉升為蘇聯元帥。1944 年,華西列夫斯基與另一大本營代表朱可夫一起,為粉碎德軍中央軍群和攻下白俄羅斯作出重大貢獻,獲蘇聯英雄稱號。

1945 年 2 月在東普魯士戰役中,被任命為白俄羅斯第三方面軍司令,率部殲滅德軍東普魯士集團。德國投降後被任命為遠東蘇軍總司令,成功消滅日本關東軍的策略性進攻,再次獲蘇聯英雄稱號。並先後擔任總參謀長、武裝力量部部長、國防部第一副部長、國防部總監等職,為蘇聯國防力量作出了重大貢獻。

成就與貢獻

在第二次世界大戰時,華西列夫斯基主要擔任高級幕僚的角色,發揮最高統帥助手的作用。

在擔任總參謀長期間,華西列夫斯基協助史達林,有時是與朱可夫一起,制訂蘇軍策略和重大戰役計畫,解決了各軍兵種所需人員及大量裝備技術問題。他受最高統帥部大本營委託,親臨戰爭各戰線,處理緊急複雜的情況,也解決了許多全局性的重大問題。他不辱使命,充分展現了傑出的組織才能和卓越軍事家的風采。

地位與影響

在將星璀璨的世界現代軍事史上，親身經歷並直接參加了兩次世界大戰全過程的人物不多。而被譽為蘇聯紅軍「智多星」的華西列夫斯基元帥，是史達林麾下與朱可夫齊名的將星。

作為遠東蘇軍總司令，他成為埋葬日本關東軍的掘墓人。在第二次世界大戰中，華西列夫斯基的軍事組織和指揮才能得到了充分的展現。

華西列夫斯基強調優秀的軍事將領應該在組織和保障戰役中，將各軍兵種合理結合使用，並在戰鬥中運用自如。

強調進攻是他指揮作戰原則中的主要特點。他認為即使防禦也不應該是消極的，而要積極防禦，並選擇時機，以反突擊方式轉守為攻。在進攻時，強調快速、果斷。指揮員要迅速準確對戰鬥和戰役中發生的各種複雜的變化作出反應，要判斷準確，時機得當。華西列夫斯基認為最堅決的進攻模式是合圍。在第二次世界大戰後期，蘇軍的遠東戰役就是在這原則指導下進行的。

作為第二次世界大戰的軍事風雲人物，華西列夫斯基載入史冊。

序

熱血男兒

少年磨難對一個人來說可以產生兩種結果：一是包
袱，二是財富。

—— 華西列夫斯基

出身貧寒的神父之家

1895 年 9 月 18 日，華西列夫斯基出生在位於窩瓦河流域中部的伊凡諾沃州新戈利奇哈鎮。

這裡土地十分貧瘠，大家只能靠原始的農業耕種來維持生活。日出而作，日落而息，生活得非常艱辛。

華西列夫斯基在年少時期，就開始為貧困的家庭做簡單的勞務，和哥哥們到田間開荒種地，或和農民一起去割草或劈柴。

華西列夫斯基的父親叫米哈伊爾‧亞歷山德羅維奇，米哈伊爾在 17 歲時，他的父親就離世了。母親不久就改嫁給縣地方自治局的一個小職員。因為母親組建了新的家庭，已經長大的米哈伊爾就只能自謀生計。

此時，米哈伊爾對前途一片渺茫，正在他不知所措的時候，有人勸他到科斯特羅馬大教堂的合唱團找個差事，因為米哈伊爾天生有一副好嗓子。

米哈伊爾聽從了好心人的指點，到了科斯特羅馬大教堂謀職。不久，米哈伊爾從科斯特羅馬回到了故鄉，在基涅什馬縣新戈利奇哈村，當一名合唱團的指揮和誦經士。

有了穩定的工作和收入後，米哈伊爾和同縣的烏格耶茲村的一位誦經士的女兒娜傑日達‧伊凡諾芙娜‧索科洛娃結婚了。婚後夫妻和睦，養育著孩子們。

到 1912 年時，家裡就已經有了 8 個孩子。其中，大兒子亞歷山大早年不幸夭折了。其他幾個孩子長大成人後，都有了自己的工作。二兒子德米特里是一個醫生，後來成為了紅軍軍官；大女兒葉卡捷琳娜當了幾十年的鄉村教師，在戰爭中，她不幸失去自己的丈夫和兒子。

華西列夫斯基是米哈伊爾夫婦的第三個兒子，排行老四。第五個孩子叫葉夫根尼，是弗拉基米爾州的農藝師；第六個孩子叫維克托，是空軍領航員；妹妹葉列娜和維拉是農村學校的工作人員，馬爾加麗達是科學研究所的實驗人員。

在華西列夫斯基出生兩年後，他的父親米哈伊爾被派到了諾沃波克羅夫斯科耶當神父。

父親微薄的收入，實在滿足不了這個大家庭的基本需求，所以華西列夫斯基兄妹幾個，從小到大都是在菜園和田地裡度過的，他們要用自己的小手從事能力所及的勞動，減輕父母的壓力。

每到冬天，父親會有一些額外的收入，那就是做地方當局訂製的學生用課桌、飯桌和門窗，以及給養蜂場的蜂箱，所得到的酬金補貼家用。

然而，在這個貧困落後的地方，華西列夫斯基家還不是最困苦的。這裡的土地十分貧瘠，生產出來的糧食極其有限，居民的生活很難維持，許多男人和婦女，就不得不到別處去謀生，村裡就剩下很多的老人和孩子。

　　留在村裡的農民，有的靠木材加工賺些錢；如果家裡有匹瘦馬，就幫工廠運送燃料。婦女和姑娘們待在家裡，邊聊家常邊織手套和襪子。

　　在這塊貧瘠的土地上，華西列夫斯基過著他的童年。

懷著赤誠之心去當兵

　　雖然家庭比較困苦，但是華西列夫斯基的父親米哈伊爾依然堅持讓孩子們上學讀書。

　　1909 年夏天，華西列夫斯基從基涅什馬神學院畢業了。秋天開始他就要在科斯特羅馬學校學習。這是父親為兒子選擇的道路，華西列夫斯基似乎沒有選擇的權利。

　　華西列夫斯基在學校的食宿費每年需要 75 盧布，這筆費用對於這個貧困的家庭來說是沉重的負擔。然而，就在困窘的時候，家裡偏偏又遭逢不幸，一場大火把家裡的房子和全部的財產都燒乾淨了，這無疑是雪上加霜。

　　於是，華西列夫斯基就對父親說，他不想上學了，想留下來幫家裡做事。

　　事實上，他本身也不想上神學院，也根本不想從事神職這一職業，但父親還是東拼西湊，為他借到了上學需要的費用。為了不惹父親生氣，華西列夫斯基還是到科斯特羅馬學校學習了。

當時，科斯特羅馬城的居民大約有 50,000 人。在市中心有一個蘇薩寧廣場，廣場上樹立著英雄馬利諾夫斯基的雕像。

華西列夫斯基所在的科斯特羅馬神學院，坐落在臨河街的上游。每到春秋時節，學生們大多喜歡在河對岸欣賞市景，談天說地。

在科斯特羅馬城，除了神學院以外，還有普通中學、師範學校、女子學校。

華西列夫斯基所在的神學院有些名聲，原因在於這所學校的學生曾在科斯特羅馬的工人中進行革命宣傳，有些學生還曾遭到逮捕。此外，科斯特羅馬神學院的學生舉辦的一年一度的文藝晚會和音樂會，在該城也享有一定的盛名。

1909 年，科斯特羅馬神學院的學生，參加了全俄神學院的罷課行動，當時華西列夫斯基剛剛入學不久。這次罷課事件，主要是為了抗議教育部禁止神學院普通教育四年級畢業生，升入大學或專科學院這一決定而舉行的。

罷課發生後，省長來到科斯特羅馬神學院，與校長一起勸說學生們立即停止罷課，並要求罷課委員會收回遞交的請願書，立即復課。如此強硬的態度，令學生們大為反感，省長和校長等人被學生們毫不留情地趕了出去。

隨後，遵照地方當局的命令，警察在 24 小時之內，將學

生們全部趕出了科斯特羅馬城，學校也被迫關閉。但學生們並沒有就此罷休，他們走入鄉間，宣傳革命，繼續與當局抗爭到底，為了不使事態進一步擴大，當局只好作出妥協。幾個月後，學生們又回到了學校。

事實上，神學院的大多數學生都是想利用學校，作為進入高等學校的跳板。這些學生，包括華西列夫斯基在內，他們都幻想著像車爾尼雪夫斯基、杜勃羅留波夫這樣的神學院學生一樣，從事自己喜歡的事業。

1914 年春天，在科斯特羅馬發生的事件，對華西列夫斯基的政治思想影響十分深刻。

「基涅什馬紗廠」的工人要求提高薪資、取消罰款、開除幾個工頭、實行八小時工作制、停止迫害閱讀進步報紙的人。然而，工廠老闆拒絕接受工人們提出的要求，於是工人們宣布罷工，進而發生連鎖效應，其他工廠的工人也加入到罷工的隊伍中。

同年 6 月，維丘加、羅德尼基和謝列達的所有工人都相繼參與了罷工。

當時，科斯特羅馬省第四屆國家杜馬議員布爾什維克沙戈夫，對工人運動影響很大。他到各個工廠演說，號召工人們採取更堅決、更勇敢的行動。6 月 26 日，罷工波及科斯特羅馬。最終，罷工鬥爭以工人們的勝利而結束。

　　但是，工廠關閉、工人鬥志昂揚的情景，深深印在了少年華西列夫斯基的腦海中，令他終生難忘。

　　1914 年夏季，華西列夫斯基在家裡過暑假。這一天，也就是舊曆七月二十，華西列夫斯基依然如往常一樣，在田地裡辛勤耕作著。突然他聽到消息說，世界大戰已經在前一天爆發了，他一下子就愣住了。

　　那是 1914 年 7 月 28 日，奧匈帝國向塞爾維亞宣戰。7 月 30 日俄國動員，出兵援助塞爾維亞。8 月 1 日，德國向俄國宣戰，接著在 3 日，向法國宣戰。8 月 4 日，德國入侵保持中立的比利時，比利時對德國宣戰；同日，英國考慮到比利時對自己國土安全的重要性，和早前為了確保比利時的中立，而在 1839 年簽署的倫敦條約，於是向德國宣戰。8 月 6 日，奧匈帝國向俄國宣戰，塞爾維亞對德國宣戰，義大利宣布中立。8 月 12 日，英國向奧匈帝國宣戰。第一次世界大戰爆發。

　　俄政府也加緊擴軍備戰，其軍隊數量增加到全歐之冠，不過軍隊品質無法和德法兩國相比。

　　戰爭打破了華西列夫斯基原先的計劃，將他推上了一條根本就沒有想到過的道路。他曾經幻想著從神學院畢業後，到某個農村學校當上 3 年的教師，賺點錢，然後再到農業學校讀書，或者進莫斯科測地學院求學。

　　但是，現在戰爭打響了，一股愛國主義的熱情激勵著他，保家衛國的口號使他熱血沸騰。因此他決定當兵。

　　華西列夫斯基當時還不足 20 歲，他投身舊俄的沙皇軍隊參加戰爭，主要是抱著強烈的愛國主義，擁有一顆報效國家的赤誠之心。此時華西列夫斯基還不了解這是一場非正義的戰爭。

　　當他把自己的這個想法說出來時，父母和兄弟姐妹們都感到意外，因為這個選擇完全出乎他們的意料。但國家興亡，匹夫有責。父母也是識大體的人，雖然有些不放心，但最終還是同意了兒子的請求。

　　華西列夫斯基匆忙整理行裝，隨即迅速趕回科斯特羅馬神學院，在和幾個同班同學商量後，決定一起向學校提出申請，准許他們參加畢業考試，然後去參軍。

　　當然，他們這一愛國的舉動獲得了校方的支持，隨後幾位同學順利通過了考試，便作為現役軍人，被安置在科斯特羅馬省軍事首長的管轄之下。

　　從此，華西列夫斯基的一生便與部隊、軍事、國家息息相關，共榮辱、齊奮進，以堅忍不拔的意志，奏響了一曲曲激昂澎湃的人生篇章。

軍校畢業授予准尉軍銜

1915 年 2 月，這些新入伍的青年，進入到阿列克謝耶夫軍校學習。

當時，華西列夫斯基是這樣想的：

> 我之所以決定當名軍官，並非為了想在軍界飛黃騰達。我仍想著成為一位農夫，打完仗之後，在俄羅斯廣闊無垠的大地的某個角落裡耕作。

1864 年創立的阿列克謝耶夫軍校，原名叫莫斯科步兵士官生學校，後來奉尼古拉二世的命令，為紀念新誕生的王位繼承人，自 1906 年起改名為阿列克謝耶夫軍事學校。

俄羅斯當時有 10 多所軍事學校。就級別而論，巴夫洛夫軍校屬第一，亞歷山德羅夫軍校屬第二，阿列克謝耶夫軍校屬第三。

它與前兩所學校有顯著的差別，前兩所學校招收的都是一些貴族出身的人，或者至少是富裕家庭的子弟。阿列克謝耶夫軍校，則優先招收非貴族出身的子弟。

阿列克謝耶夫軍校學員畢業後的待遇，也是有差別。他們通常被發配到偏僻的地區充軍。

然而，這並不影響阿列克謝耶夫軍校學員以自己的軍校而自豪，該校畢業生都別有一枚特製的徽章。

當時，阿列克謝耶夫軍校的校長是哈明將軍。他的隊列

副校長是波波夫上校，他是一個非常嚴厲的長官。他堅信，只有嚴厲的處分才能有嚴格的秩序。

每當他接見紋絲不動「立正」站在他面前的畢業生時，總是問他們是否處於戰鬥狀態，如果回答說「不是」，他就會立即要他們帶著全副武裝進入戰鬥狀態，要他們罰站。

波波夫上校還對學員們說：「你們自己不先嘗嘗這罰站的滋味，將來怎麼處罰別人呢？」

華西列夫斯基在學校學習期間，全校共有 5 個學員連，每個連由高年級學員的半連和低年級學員的半連組成。連和半連都嚴格按照身高編成。

華西列夫斯基身高 178 公分，所以第一連沒進去，於是被編入高矮混合的第五連。幾個連編成一個營，由波波夫上校指揮。華西列夫斯基他們連的連長是特卡丘克大尉。

令華西列夫斯基和其他學員不滿的是，學校的訓練幾乎不考慮戰爭的要求，仍然按著早已過時的訓練進行。

在野外障礙下的軍事行動、新型重炮、各種類型手榴彈和在戰爭中使用汽車和飛機的最起碼的原理，都不介紹給學員。此外，各兵種間協同動作的原則幾乎都不講解。

不僅在課堂，在野外演練也是理論多於實踐，華西列夫斯基他們連，由於連長特卡丘克大尉到過前線，所以野外訓練課目比其他連隊要好得多。

在入學時，華西列夫斯基他們這些學員被確定為普通士官生。兩個月後，有些人升為士官。

畢業時，學校授予這些學員准尉軍銜，服役 8 個月後晉升少尉，如果有戰功可以隨時得到晉升。

華西列夫斯基他們每個人除了得到 300 盧布的軍服費外，還另外發了 100 盧布。同時還發了左輪槍、軍刀、野戰用望遠鏡、指北針和現行軍隊條令。

當時，成為准尉的華西列夫斯基年僅 20 歲。

主動聲明願意赴往前線

1915 年 6 月，華西列夫斯基被派到駐在羅斯托夫 —— 亞羅斯拉夫省的一個縣城的一個預備營中。這個營只有一個補充連的士兵，另外有近百名準備派往前線的軍官，他們大多是剛從軍校畢業的青年准尉、少尉，還有幾個從預備役補充上來和傷癒出院的中年軍人。

幾天之後，華西列夫斯基所在的連就接到了赴往前線的命令。營長把所有的軍官集合起來，要從願意到前線的人中任命一名連長。

華西列夫斯基心想，一定會有無數隻手馬上舉起來，尤其是在預備營待了很久的軍官們會這樣做。但是，讓華西列夫斯基感到非常奇怪的是，沒人舉手，大廳裡一片寂靜。

營長對部下嚴厲地責備了幾句後，說道：「要知道，你們是俄國的軍官，誰要去保衛國家？」還是沒人響應。

於是營長命令副官用抽籤的辦法，選出一名連長出來。

此時，華西列夫斯基為大廳裡的全體軍官感到恥辱。他很想盡快奔赴到前線，但又不想毛遂自薦，因為他覺得連長的位置對他來說是高不可攀。但當他看到，年紀大一些的軍官們誰也不願意率領赴往前線的連隊，於是華西列夫斯基和另外一個准尉聲明，他們願意率領這支連隊，而其他軍官顯然很願意聽到他們的這個聲明，如釋重負一般。

離開羅斯托夫後，華西列夫斯基並沒有立即趕赴前線。在 1915 年 9 月之前，華西列夫斯基帶領的連隊被編入好幾個預備部隊。最後，他們到了西南方面軍。

方面軍司令是以 1906 年鎮壓喀琅施塔得水兵起義而聞名的伊凡諾夫將軍。事實上，在軍事方面，他是一個庸碌無能之人。

不久，華西列夫斯基被集團軍司令部派往第九集團軍。該集團軍司令是列奇茲基將軍，他是當時唯一的一個非總參謀部軍官出身，也就是沒有受過高等軍事教育的集團軍司令，但他卻是一位有實戰經驗的將軍。

華西列夫斯基到第九集團軍後，被編入步兵第一〇三師。

華西列夫斯基和他的同鄉，基涅什馬人謝廖扎·魯賓

斯基准尉，從集團軍司令部駐地卡梅涅茲 —— 波多爾斯克，坐著馬車，又走了大約 30 公里，才最終來到了步兵第一〇三師。

華西列夫斯基擔任諾沃霍漂爾斯克第四〇九團第一營第二連的連長。

在這裡，華西列夫斯基第一次經歷了炮火，到這時他才搞明白什麼是榴霰彈，什麼是榴彈，什麼是迫擊炮。這時，華西列夫斯基才真切感覺到，和平的生活已經被遠遠拋在後頭了。

1915 年秋冬之時，第九集團軍所占領的防線不利，它在霍亭城以西地區，與奧匈帝國的第七集團軍展開了陣地戰。

華西列夫斯基所在的第一營及他指揮的第二連，部署在團部所在地爾扎維涅茲村以西的陣地。

戰壕給人的印象十分粗劣，只有一些普通的溝渠，沒有胸牆，只是在兩邊亂七八糟堆些土，沒有最基本的偽裝，既無槍眼，也無遮彈檐。在戰壕內挖掘了可供一些二三人起居的地窖，有一個小爐子和一個入口。確切地說，是一個僅可爬進爬出的洞口，洞口蓋著一頂帳篷，沒有防禦炮火的掩蔽物。

而敵人的戰壕離華西列夫斯基他們的部隊不到 100 公尺。士兵們就把他們的戰地障礙物當做了自己的屏障。此外，武器裝備和彈藥供應也很差。

　　1915 年 12 月中旬，在一週內，華西列夫斯基他們曾試圖在霍亭以西實施突破，但沒有成功，反而遭受到了重大的損失。但是他們迫使奧國軍隊退後了 15 公里，從而推進到多勃羅諾維茲 —— 鮑揚一線，部隊再次轉入陣地戰。

　　這次戰役結束，隨後就開始了冬季休整，華西列夫斯基發現舊俄軍隊存在著許多弊病，特別是最高統治者與高級指揮官之間存在巨大的矛盾，高級指揮官與廣大前線士兵之間也存在尖銳的利益對立。在中下級指揮員和士兵之間，也存在著嚴重的不協調。

　　因此，軍隊內部矛盾重重，這就導致了前線士兵紀律渙散，士氣低落。還有些中下級軍官往往採取嚴酷和粗暴的方式對待士兵，導致官兵關係十分緊張，根本沒有戰鬥力，當然就難以保證戰爭的勝利了。

任連長深得士兵信任

　　在 1915 年的整個冬季，華西列夫斯基所在團不止一次地撤出戰壕，作為師的預備隊進行休整。在休整的日子裡，士兵們修補或更換穿破的軍服、損壞的裝備和武器。

　　如果在預備隊的時間較長，會進行軍事學習。由營長給團內的像華西列夫斯基這樣的年輕軍官上課，仍舊是集體誦讀條令，如隊列條令、野戰條令、紀律條令以及內務條令等。

　　對士兵們，則是以嚴酷粗暴的操練來折磨他們，想藉此整頓士兵的紀律，然而，此舉往往適得其反。

　　華西列夫斯基剛到團裡的時候，有許多軍官告訴他說，這裡的紀律很鬆散。有人勸華西列夫斯基不要姑息縱容，多使些讓士兵怕班長的棍子勝過怕敵人的子彈那種普魯士的老規矩。

　　但是，華西列夫斯基不想這麼做，他認為懾於懲罰的服從毫無益處，一旦軍隊處於困難的作戰條件下，這種服從就會消失得無影無蹤。要想克敵制勝，光有服從是不夠的，重要的是下屬對指揮官的信任。

　　在阿列克謝耶夫軍事學校學習時，華西列夫斯基讀了德拉格米羅夫的著作，德拉格米羅夫的真知灼見，深深銘刻在華西列夫斯基的心上。他在前線時，總是攜帶著自己摘錄的關於德拉格米羅夫著作中的言論，力求按照從書本上的論對待下屬。

　　當然，將軍事理論與自己的感受和理解付諸實踐，華西列夫斯基一開始並不是很順利。因為士兵的利益和正在打仗的沙皇軍隊的目的是毫無相干的，但是華西列夫斯基仍然恪守著德拉格米羅夫的原則，漸漸這種堅持產生了效果。

　　在擔任連長期間，華西列夫斯基幾乎沒有和下屬發生過任何糾紛，這在當時沙皇的軍隊中是極為罕見的。

1916 年春天，華西列夫斯基被任命為第一連連長。經過一段時間的訓練和教育，團長列昂節夫上校認為，第一連在訓練、軍事紀律和戰鬥力方面，都是團內的優秀連隊之一。

然而，華西列夫斯基認為，這一成績源於士兵們對他的信任。多年後，華西列夫斯基收到了當年戰友們的來信。

1946 年 1 月，當年諾沃霍漂爾斯克第四〇九團一連的列兵基斯利欽科，在答覆華西列夫斯基給他的信時，他回信說：

> 過了 28 年，你還沒有忘記前線戰壕裡生死與共的戰友。
> 在這次衛國戰爭中，我又再次入伍了，不像上次戰爭
> 那樣單獨一人，而是和兒子指導員瓦夏一起。1942 年
> 3 月，他在列寧格勒附近犧牲了。
> 我現在住在農莊裡，把自己寫的一首詩寄給你作為紀念：
> 憶往昔苦難與不幸，
> 崢嶸歲月喀爾巴阡峽谷中。

1956 年，居住在芬蘭的圖爾庫市的埃赫瓦爾特，寫信給華西列夫斯基說：

> 今年秋天是基爾利巴巴高地戰鬥的 40 年，你還記得曾
> 經參加這次戰鬥的光榮的諾沃霍漂爾斯克第四〇九團
> 一連，您指揮的一名芬蘭籍下級軍官嗎？

透過這些情真意切的書信，可知華西列夫斯基當年與戰友結下的情誼是多麼深厚。

在實戰中累積領導經驗

1916 年春季，第九集團軍經過一個冬季的休整，從 1915 年的挫折中得到了恢復，並提前做好了進攻的準備。

華西列夫斯基面對的敵人，依然是普弗梁采爾將軍的奧國第七集團軍。士兵們感到很高興，因為他們所要對付的不是德國軍隊，而是較弱的奧國軍。

每當炮戰開始，他們就觀察爆炸的顏色，只要看到大家熟悉的奧制砲彈的玫瑰色煙霧，便會鬆一口氣。

在勃魯西洛夫進攻之前，華西列夫斯基他們師的兩個旅，都部署在鮑揚西南 10 公里長的地段上。

在他們的前面是普魯特河，河寬 40 公尺，深 4 公尺。河上的橋樑已經被炸毀。河的右岸比左岸高，因此敵人能夠很容易看到俄軍的陣地。

由於天氣惡劣，俄軍的戰壕已經發霉，供休息用的掩體內部潮溼，讓人感到十分的難受，而為了躲避炮火，而在冬季挖成的「貓耳洞」已經坍塌。大家都希望把敵人從他們的陣地上趕跑。這樣一來，他們就可以在那裡得到較好的條件。

華西列夫斯基反覆研究敵人戰壕前的一排排支撐鐵絲網的木樁，數著有多少匹馬。每到夜裡，就把機關槍架到能夠三面射擊的槍眼裡。而且他們還不斷設置槍眼，以便進行輔助觀察。

1916 年 5 月 22 日，西南方面軍部隊以炮火準備，開始了歷史上被稱作「布魯西洛夫突破」的著名戰役。

儘管由於友鄰西方軍隊和最高指揮部的過失，這次進攻取得的成果沒有加以利用，但這場戰役還是贏得了世界聲譽，並且影響了第一次世界大戰的進程和結局。

對華西列夫斯基本人來說，也有一定的意義。他後來說：

> 這次進攻對我個人也有不小的意義，它影響了我的作戰觀點，在進攻期間得到的鍛鍊對我後來很有幫助，各分隊範圍內組織戰鬥行動的經驗，在戰爭中都用上了。

5 月 24 日，華西列夫斯基所在的混成軍開始向前推進。在中立山地域，奧國軍隊釋放毒氣。據說步兵第四一二團有近 40 人中毒，於是大家開始驚慌不安起來，一連兩個晝夜都緊張盯著敵人的陣地。甚至把每一小片雲霧都當成了瓦斯，直到風向轉移了，大家才開始放鬆。

5 月 28 日，戰局發生了變化，敵人的防線被突破了。隨即，第九集團軍的戰鬥呈扇形展開，逐步擴大自己的作戰地區。

騎兵第三軍命令其所屬的各師沿羅馬尼亞邊境前進，以切斷羅馬尼亞與奧匈帝國的聯繫。此時，緊靠著它的華西列夫斯基所在的步兵師，翻過了奧布欽 —— 馬雷和奧布欽 —— 費雷代烏山脈。

　　隨後，華西列夫斯基他們不得不經常野營露宿，這一段迅速進攻的時期，使華西列夫斯基取得了他所缺少的行軍領導分隊的經驗。

　　在此期間，華西列夫斯基注意觀察上級軍官的行動。不僅注意他們率領部隊的方法，還看到他們對待下級的方式和部隊中諸多的陋習。而騎兵第三軍軍長克列爾伯爵的做法，更讓他看清了沙皇軍隊軍官的殘暴與無能。

　　當時，奧國軍隊在隘口憑藉險要地勢固守，第九集團軍在切爾諾夫策突破的過程中，兵員損失很大。在 1916 年七八月間，華西列夫斯基一直阻滯不前，接著就完全停下了。

　　而此時，第四○九團正作為預備隊休整，正好歸屬克列爾伯爵統轄。有一次，克列爾伯將軍要求派一個步兵營，去擔任他設在基姆波隆格司令部的警衛，於是就派華西列夫斯基任營長的第一營前去。

　　隨後，華西列夫斯基來到騎兵軍駐地向參謀長報到，那位參謀長驚訝望著他，問他多大了。

　　華西列夫斯基回答說「22 歲」。接著，就見參謀長走進了另一個房間。

　　身材高大的克列爾就從那個房間裡走出來，面帶笑容看著華西列夫斯基，然後他伸出兩隻大手，捧著這個年輕軍官的腦袋，用低沉的聲音說：「再打兩年仗，我們這些昨天的准尉就要當上將軍了！」

當時，華西列夫斯基覺得克列爾很親切，但是在接觸多了之後，他才感受到了克列爾的虛偽。克列爾的本性，是保皇黨和暴君，但在下屬面前卻扮成民主派的樣子。

毅然退出舊軍隊

1916 年 8 月 14 日，羅馬尼亞終於克服了兩年的動搖，向奧匈宣戰了。後來的幾個月表明，俄國的這位新盟友根本沒有接受戰爭考驗的準備，到 11 月就吃了敗仗。

首都布加勒斯特淪陷了，羅馬尼亞軍隊有三分之一成了俘虜。

俄軍不止一次與新的盟軍並肩戰鬥，因而深知他們部隊中存在著使俄軍深感不安的混亂現象。

這時，情況發生了急遽的變化。1917 年 3 月，有消息說，彼得格勒發生了革命，沙皇退位了。

形勢突變，使華西列夫斯基所在的團、師、集團軍、羅馬尼亞軍隊，以及整個俄羅斯的生活，開始了新的階段。

軍隊還沒來得及向新政權宣誓，形勢又發生了變化，在軍隊中出現了士兵蘇維埃和士兵委員會。布爾什維克（俄國社會民主工黨中的一個派別）影響的增長，也受到了部隊距離首都遠近的影響。

軍官們都不知道該何去何從。其中，有相當多的軍官有

保皇思想，根本不希望國內發生革命，他們在 8 月就響應了新的最高總司令科爾尼洛夫將軍的號召，並正式投到了他的麾下。

另外一部分軍官，特別是那些在戰爭時期入伍的軍官，開始逐漸向士兵群眾靠攏。而華西列夫斯基走的也是這條路。

華西列夫斯基認為，他們要保衛共和國和維護革命的利益。但在不久後，他就看到不同的人對這種利益的理解是不同的。軍隊開始分裂了。

而科爾尼洛夫的叛亂，對華西列夫斯基的幻想是一種徹底的打擊。他逐漸開始譴責戰爭，對臨時政府產生了懷疑。

不久，軍官階層再次發生分裂，此前大家還都坐在一條板凳上，而現在，過去的戰友卻都怒目相視了。

華西列夫斯基也因為承認蘇維埃政權，結交布爾什維克，並出席士兵代表蘇維埃會議，而遭到了部分軍官的白眼。

此時，華西列夫斯基認為辭去軍職的時機已經成熟。當時，大家都已經知道工農政府正在進行簽訂和約的談判，有人已經開始自發退伍了。

華西列夫斯基心想：我為什麼還要盲目待在羅馬尼亞呢？過去帶領士兵打仗，自以為是在履行一個俄國愛國者的義

務。現在才明白，人民過去受騙了，他們需要的是和平，舊
軍隊與蘇維埃國家是水火不相容的。

在把問題想清楚之後，1917 年 11 月底，華西列夫斯基
退伍了。他艱難走過形勢複雜的烏克蘭，好不容易回到了俄
羅斯本土。

每到一地，華西列夫斯基都能感受到那種高漲的政治熱
情，但他並未在任何一地久留。

12 月，華西列夫斯基終於回到了故鄉，與好久不見的親
人們團聚。

展露才幹

如果沒有系統的知識幫助，先天的才能是無力的。
直觀能解決很多事，但不是一切。天才和科學結合
後才能得到最大成功。

—— 華西列夫斯基

參加工農紅軍

1917 年 12 月底，華西列夫斯基收到家鄉基涅什馬縣蘇維埃軍事部發來的電報。

電報上說，第四〇九團舉行了全團大會，根據當時軍隊中通行的選舉原則，他被選為該團團長。因此，士兵委員會建議他立即返回部隊，擔任指揮職務。

但是，鑑於當時烏克蘭的局勢，縣軍事部建議華西列夫斯基留在家裡，在當地找個工作。

當時烏克蘭的局勢是，哈爾科夫蘇維埃政權保存了下來，全烏克蘭蘇維埃第一屆代表大會，在這裡宣布成立烏克蘭社會主義共和國，但是烏克蘭的大部分地區仍在拉達（烏克蘭最高蘇維埃）的控制之下。

第四〇九團和其他暫時受謝爾巴切夫統轄的部隊一起，有可能被捲入反蘇冒險中。

在這種情況下，華西列夫斯基認為，聽取縣軍事部的建議更穩妥。於是，華西列夫斯基提出讓他擔任軍事工作的請求。不久，他被安排為基涅什馬縣烏格列茲克鄉役前普遍軍訓處的教官。

華西列夫斯基在這個職務上，大約工作了 8 個月的時間，而且工作得相當不錯。他認為自己可以多做一些貢獻，但軍事部沒有讓他在蘇維埃做更多的工作。

華西列夫斯基暗自思忖，原因顯然是由於他出身於神職人員家庭，又當過沙皇軍隊的軍官，受過上尉軍銜，因而對他有些不放心。

華西列夫斯基認為，只有誠實的工作，才能取得蘇維埃政權的信任。但過了一段時間後，仍然沒有要重用他的跡象。

1918 年 8 月，華西列夫斯基從報上得知圖拉省招收農村學校教師的消息。神學院的畢業證書，使他有當一名教師的資格。當時，華西列夫斯基心想，在這個崗位上也可以為人民服務。國家比任何時候都需要青年來接替老一代人，注入新活力。

於是，華西列夫斯基向基涅什馬縣軍事部提出當一名教師的申請。不久，縣軍事部就給他送來了委任書。

1918 年 9 月，華西列夫斯基在新西爾縣的格隆斯克鄉的維爾霍維耶村小學，後來又到了波德亞科夫列沃村小學，先後當了 8 個月的教師。

波德亞科夫列沃村有兩所學校。華西列夫斯基任教的小學位於村中心。3 個班有近百名學生，都是本村和附近村的孩子。華西列夫斯基帶著極大的熱情，從事教學工作。

學校同事瑙莫娃姐妹：葉夫多基婭和瓦爾瓦拉，都主動幫助華西列夫斯基，她們都是有一定教學經驗的老師。很快，他就和教師和家長們建立起親密的關係。

在新的崗位上，華西列夫斯基勤奮工作著。他一天到晚忙個不停，以補償長時間以來為尋找真正合心意的工作所失去的時間。

但後來華西列夫斯基覺得，無論是教課，還是孩子們的依戀，乃至同事們的友誼，都不能使他從內心裡感到滿足，他總覺得缺了什麼。

直至 1919 年 4 月，華西列夫斯基被新西爾縣軍事委員會召去參加工農紅軍，並編入預備第四營駐葉弗列莫夫市的時候，他才真正明白。預備營是根據共和國革命軍事委員會 1918 年 9 月的命令建立起來的，準備作為軍區的預備隊。

1919 年 5 月，華西列夫斯基被編入紅軍，被任命為預備第四營的教官。該營營長是前沙皇軍隊的中校頓欽科，軍事委員是前准尉科明。

儘管這個營才建立幾個月，但其內務制度井然有序，戰士們整潔衛生，紀律嚴明自覺，都大大出乎華西列夫斯基的預料，因為這在舊軍隊中是十分罕見的。

普通戰士與指揮官的關係，是建立在互相信任基礎的關係。在部隊中，華西列夫斯基終於有了歸屬感。

加入到紅軍隊伍中不到一個月，華西列夫斯基就參加了戰鬥。

6 月初，在葉弗列莫夫縣的斯圖平諾鄉，富農（相對富裕的農民階級的稱呼）打死了負責餘糧徵集工作的幹部。根據

圖拉省革命委員會的命令，成立了一個負責鎮壓鄉里富農的專門委員會。委員會由葉弗列莫夫縣的軍事委員麥德維傑夫領導。

委員會命令華西列夫斯基的所在營，分出一支100人的武裝小分隊歸委員會調遣，華西列夫斯基被指定擔任隊長。營的黨組織指派以馬祖羅夫為首的幾位有經驗的黨員，協助小分隊工作。

華西列夫斯基依靠這些隊友，完成了布爾什維克黨交給他的第一次戰鬥任務。小分隊從葉弗列莫夫城出發時，當地居民對他們的態度也有所不同，有的人親切友善，有的人則懷著戒心和惡意。

由於小分隊的行軍路線要經過土匪出沒的荒山野林，因此官兵們晝夜都得處於完全戒備的狀態中。

到達目的地後，在黨小組、戰士和當地群眾的配合下，小分隊迅速完成了委員會規定的全部任務。在短時間內沒收了富農藏起來的上萬斤糧食，把數以千計被拘禁的人，或自願前來報效的農民，以及以前逃避參加紅軍的人們，送交葉弗列莫夫縣革命委員會處理。

雖然加入紅軍的這段時間不長，但是對華西列夫斯基此後的生活和工作，都有著極為重要的意義。就在此時，他的內心產生遲早要加入布爾什維克黨的願望。

接受正規軍作戰洗禮

1919 年夏天，政治軍事形勢險峻。南方軍迅速向圖拉省接近，企圖阻止鄧尼金反革命軍隊的進攻。

在圖拉周圍以及通往圖拉的各條道路上，在當地居民幫助下部隊挖了戰壕，設置了鐵絲網，構築了機槍掩體。百姓們都被實行軍事化，發給他們武器並加以訓練。

華西列夫斯基所在的預備第四營，從葉弗列莫夫市被調往圖拉。這時，它已發展成有兩個營建制的團。起初，華西列夫斯基擔任連長。到圖拉後，團又組編了第三個營，華西列夫斯基擔任了營長。

1919 年 10 月初，根據革命委員會的命令，年僅 24 歲的華西列夫斯基被任命為團長，這個團是在原來葉弗列莫夫營的基礎上建立起來的。不久，該團被改名為圖拉步兵第二師的步兵第五團。

10 月，華西列夫斯基所在的第五團，團部從米亞斯諾沃市郊遷到扎伊采沃村。在這裡，他們聽到了奧廖爾失陷的消息。蘇維埃共和國處於整個國內戰爭年代最艱難的時期。

11 月，圖拉步兵第二師接到開赴西部戰線的命令。此時，該師已改稱步兵第四十八師，華西列夫斯基的團相應成為步兵第一四三旅的第四二七團。

在向革命委員會報告部隊情況時，華西列夫斯基說他們

已經做好充分的戰鬥準備。並補充說，他缺少在作戰條件下指揮一個團的經驗，因此請求革命委員會派來一位更有經驗的團長，而他則擔任副團長或營長。

革命委員會的委員們幾次勸他收回自己的請求，但最後還是接受了他的建議，不久就派索鮑爾諾夫擔任該團團長，華西列夫斯基任副團長。

不久，華西列夫斯基所在團隨第一四三旅，被調至步兵第十一師，改稱為第三十二旅第九十六團，他的職務仍是副團長。

1920 年 5 月，華西列夫斯基所在的第十一師，奉命參加對波蘭資產階級地主干涉軍的反突擊任務。

5 月 14 日，進攻開始後，作為最右翼的步兵第十一師，立即開始和突擊集群協同行動，隨後就編入了它的建制。很快，部隊突破了波蘭防線，第九十六團向前推進，壓制敵人。

5 月 18 日，華西列夫斯基他們團與敵軍波茲南師兩軍，為爭奪克魯列夫希茲納車站展開了激烈的戰鬥。在激戰中，華西列夫斯基的部隊受到了重大傷亡。

5 月 27 日，他們重新投入戰鬥。他們打跑了一個又一個陣地上的敵人。在過維利亞河後，進入到多爾基諾沃以南地區，並且準備進攻維列伊卡。就在這時，他們遇到了波蘭騎兵的反突擊。

　　由於團裡的部分士兵未經受住騎兵的衝擊，最後全團被衝散了。於是華西列夫斯基不得不一邊行軍，一邊收集被衝散的部隊。事後，華西列夫斯基說：「這對我又是一課。」

　　1920 年 7 月底，正當戰鬥最激烈時，華西列夫斯基突然接到一道命令，要他立刻前往他原來所在的步兵第四十八師，擔任第四二七團團長之職。

　　此時，華西列夫斯基帶著遺憾的心情，告別了第九十六團有作戰經驗的全體官兵。在這個團裡，華西列夫斯基作為指揮官，接受了和敵人正規軍作戰的洗禮。因此，他對該團的感情非常深厚。

勇於堅持自己的正確意見

　　華西列夫斯基與第九十六團的戰友們惜別後，便趕到步兵第四十八師師部所在地的維利諾地區報到。

　　當時，第四十八師的師長是巴拉諾維奇。師長指示華西列夫斯基立即去第一四三旅報到。到了旅部，旅長兼政治委員卡爾寧告訴他，他原要調任的職務已經有人了，因此，他建議華西列夫斯基聽候師長的新指示。

　　然而，華西列夫斯基更喜歡擔任副團長或營長這類他比較熟悉的工作。所以，他請求卡爾寧旅長派給他這類的職務。於是，華西列夫斯基便擔任了第四二九團的副團長。

1920 年 8 月初，西方方面軍在嘗到 7 月勝利的喜悅之後，又嘗到了 8 月挫折的苦頭，紅軍在華沙停滯下來。

500 公里的長途行軍，已經使部隊疲憊不堪了，連續的作戰使部隊遭受到重大損失。由於遠離後方，人員和彈藥都得不到補充，而他們面對的卻是得到協約國強大技術裝備支持的畢蘇斯基優勢兵力。

第三集團軍和第十五集團軍，在困難的條件下採取撤退行動。第三集團軍撤向格羅德諾，第十五集團軍撤向沃爾科維斯克。華西列夫斯基所在的第四十八師，奉命開赴第十五集團軍剛撤出的沃爾科維斯克地區去阻止進攻的敵人，給第十五集團軍各部以強而有力的支援。

沃爾科維斯克這一帶原是第十五集團軍的後方，有炮場和廚房。一些零散的戰士不時來到這裡，這些戰士們面孔黝黑，疲憊不堪，許多人還裹著帶血的繃帶，愁眉苦臉在大路兩旁躑躅而行。看到戰友們的這副慘景，華西列夫斯基的心裡悲痛難忍。

8 月下旬，在沃爾科維斯克西南地區，第四十八師和企圖擴大戰果的敵軍對上了。華西列夫斯基所在的第四二九團，在待命的斯維斯洛奇地區，也遭到了波蘭白匪軍的打擊。

經過頑強的戰鬥，第四十八師打退了敵人，抓到了俘虜，繳獲了戰利品，並在接近比亞沃維斯卡森林的地段部署

防禦。第四二九團渡過納雷夫河後，在此後的兩星期裡，和波蘭白匪軍作戰，各有勝負。第四二九團左翼是第四二七團。有一次，敵人衝破了第四二七團的防線。為了保障側翼的安全，第四二九團團長德列伊維奇決定使用作為預備隊的步兵第二營，對敵軍實施反突擊。這次反突擊行動，是由華西列夫斯基親自率第二營實施的。

當天晚上，德列伊維奇團長把華西列夫斯基叫到團部，遞給他卡爾寧旅長的電報命令。命令立即任步兵第四二七團團長之職，並在清晨之前，一定要恢復到受創之前的狀態。

華西列夫斯基和旅長接通電話問旅長，在哪裡可以找到第四二七團及其團部和前團長。旅長回答說，實際上就是他剛才從那裡來的那個營的所在地區。

華西列夫斯基報告了這一地區的真實情況後，建議立即把作為旅預備隊的第四二八團調到被敵軍衝破的地段。同時，他請求給他一夜的時間，收集和整頓第四二七團，並給予人力支援。但是，卡爾寧旅長命令他立即到設在維伊基村的旅部。

在旅部，卡爾寧旅長決斷重複了他剛才的命令。但是，華西列夫斯基說，儘管他主觀上願意執行命令，但這個命令他無法完成。

於是，旅長便命令立即將華西列夫斯基監禁起來，並押送到沃爾科維斯克的革命法庭。但是，他們還未走出四公

里，新的命令又來了，說旅長命令把人帶回旅部。回到旅部後，卡爾寧旅長再次向華西列夫斯基重複了那道命令。華西列夫斯基仍然認為這一命令無法執行。於是，旅長立即交給了華西列夫斯基一項書面命令。根據該命令，華西列夫斯基因「怠工和盲目膽怯」，被撤銷第四二九團副團長的職務。並任命他去那個團的一個步兵連當排長。當天深夜，華西列夫斯基便帶著行李，去了白天剛從那裡回來的二營陣地。

不久，根據旅長的命令，剛從預備隊抽調上來的第四二八團的一些分隊也來到了這裡。這正是當時華西列夫斯基向旅長提出的建議。

經過幾天的頑強戰鬥，第四二七團敗退留下的缺口終於補上了。就在這時，華西列夫斯基接到了第四十八師師長要他去聽候指示的命令。在師部，師長巴拉諾維奇和軍事委員英德里克松，對他宣布說，經過師黨組織和調查機關進行的詳細調查，旅長對他的控告完全得不到證實。步兵第九十六團和第四二九團首長和黨組織，對他的評語都很好。步兵第十一師首長和政治部還通知說，由於華西列夫斯基於 1920 年 7 月初，在紹沙河戰鬥中表現有成效而機智的行為，已經提出授予他「紅旗勳章」的申請。

師首長還告訴華西列夫斯基，經集團軍司令科爾克將軍同意，在沒有團長職務空缺之前，暫時任命華西列夫斯基為該師新編成的獨立營營長。作為獨立營的營長，華西列夫斯

基必須經常帶領戰士們參加擊退敵人的衝擊。1920 年 9 月
23 日,是他們最困難的一天。這一天,步兵第一四四旅的防
禦被突破了,第一四三旅的後方受到威脅。在沿蘭河、英羅
奇河和斯盧奇河一帶的沼澤密林。

戰士們不止一次掉進了沒有明顯出路的陷坑,當地的農
民搭救了他們,而且還給紅軍指點眼睛看不出來的淺灘。而
那些富人則幸災樂禍對著戰士們笑。

1920 年 10 月,由於蘇波和約的簽訂,整個西方前線
反對干涉軍的鬥爭基本結束。華西列夫斯基所在的步兵第
四十八師,奉命作為集團軍的預備隊,進駐從第聶伯河到列
津納河之間的地帶。

在步兵團取得最佳工作成績

1920 年 11 月,華西列夫斯基所在的步兵第四十八師,
被調到斯摩稜斯克省駐防。他擔任營長的那個獨立營中,年
紀大的軍人退役,不久這個營就解散了。隨後,華西列夫斯
基被任命為步兵第一四二旅第四二四團的副團長。

從 1921 年初,已經有了剿匪經驗的第四十八師,被調到
仍然有土匪活動的薩馬拉省。

在一次剿匪戰鬥中,華西列夫斯基的朋友,康斯坦丁‧
科明不幸犧牲了。這是在內戰時期,華西列夫斯基所有損失

中，使他最感悲痛的一個。

到 1922 年 8 月，土匪已經被消滅或是被驅散。步兵第四十八師編入了首都軍區的建制，它的駐地在特維爾省。其中，以巴哈列夫為首的第四二四團開往勒熱夫。

華西列夫斯基再次看到了只有站在窩瓦河上游，才能看到的這條大河的遼闊。在他的眼前展開了一幅幅美麗多姿的圖畫，河面上是寬廣遼闊的蔚藍天空，陽光燦爛。

少年時代的情景，又浮現在華西列夫斯基的眼前，差不多像基涅什馬一樣的城市，類型相似的作坊，主要是打麻廠和麻紡廠。這裡的生活像全國各地一樣，已經走上了新的軌道。

華西列夫斯基所在的團，在擔任警備任務的同時，還參加郊區農村的各種勞動。戰士們幫助農民們收穫莊稼，幫助徵收公糧機關做一些工作。

後來由於第一四二旅參謀長奧維奇金患病了，上級任命華西列夫斯基代理參謀長的職務。對於華西列夫斯基這個步兵指揮官來說，這是第一次擔任參謀工作。

1922 年，蘇俄紅軍開始大改組，所有的步兵師都撤銷旅的建制。華西列夫斯基所在的步兵第四十八師，則將原來的三個旅改編成了第一四二團、一四三團、一四四團。

一開始，華西列夫斯基被任命為第一四二團副團長，後

來因團長卡列寧去學習，所以他便臨時代理步兵第一四二團的團長職務。

在以後的十年中，華西列夫斯基在四十八師所屬的各團中，先後擔任了團長的職務。所以，華西列夫斯基毫不謙虛地說：「老實說，我已掌握了相當豐富團的工作經驗。」

在接手團的工作後不久，1922 年 9 月，華西列夫斯基就開始帶領部隊準備 9 月的大演習，這將是一次非常嚴峻的考驗。這是內戰之後的國內第一次由各兵種，以及國家政治保安部隊和特種任務部隊參加的大規模的對抗演習。這次大演習，時任紅軍總司令的加米涅夫和工農紅軍第一副總參謀長沙波什尼科夫，都親自參加了。

此時，國家軍事部門已經開始重視軍事學的發展了。1922 年，開始建立用自動步槍裝備所謂標準連。

針對這種情況，華西列夫斯基和團有關長官，提出了研究新的火器，掌握新的作戰方法。但新設備的不足，這一方法幾乎無法實現。

團的工作不得不基本上按照過去的模式，裝備和訓練新加入團裡來的新兵。這些新兵大多是文盲或是半文盲。因此，各部隊除了上軍事課和政治課外，還必須開設課程，學習俄語、算術和地理。所以說，紅軍同時也是一所掃盲速成大學校。

　　在 1922 年的重大訓練中，在冬季進行的軍區滑雪偵察隊參加的演習卓有成效，第一四二團取得了驕人的成績。團對滑雪訓練也十分的重視，訓練搞得十分出色。

　　當然，對其他種類的體育運動也重視，力求使全體軍人養成愛好運動的習慣，並對優秀者給予必要的鼓勵。看到戰士們在操場上賽跑，向運動場衝鋒，手榴彈投擲比賽或者拉單槓，是件令人愉快的事。

　　新兵們的面貌每天都在發生著變化，他們在訓練和演習中越是刻苦，軍姿就越顯得端莊，英姿颯爽。這使得華西列夫斯基由衷感到高興。

　　1922 年，在師一級的田徑比賽中，第一四二團的代表隊奪得了 77 個獎狀中的 7 個。

　　1923 年，華西列夫斯基他們團在師的編成內，與軍區其他團一起參加了霍登營地的野營集訓。

　　6 月 17 日，軍區第一次舉行了全副武裝 10 公里障礙賽跑。成千上萬的莫斯科人來觀看比賽。大家都急切等待比賽結果。

　　當聽到步兵第一四二團代表隊獲得勝利時，全團官兵們歡呼雀躍，該團代表在雷鳴般的掌聲中，接過了錦旗。

　　此時此刻，身為一團之長的華西列夫斯基心中湧起了欣慰和成就感。因為所有成績的取得，都是來之不易的，他為他的戰士們感到高興和自豪。

訓練部隊的艱難鍛鍊

1924 年初，是俄國軍事改革的第一年。

華西列夫斯基擔任了培訓初級指揮人員學校的指導工作。當時，華西列夫斯基不僅要指導該師培訓第一批中級指揮人員的助手和紅軍戰士的直接首長，而且還要考慮如何在學校工作中，運用軍事改革中出現的新事物。其中包括需要根據部隊建制的變化，作出相應的改變。

正當華西列夫斯基忙於日常訓練工作不可開交時，突然接到了要他去紅軍軍事學院參加入學考試的調令。

這個調令不僅使華西列夫斯基本人，就連師部也感到突然。華西列夫斯基覺得自己不夠條件，因而請求師部不要派他去該學院。然而，紅軍總幹部部在答覆馬克西莫夫師長的請示報告時，卻重申了這個調令。

於是，華西列夫斯基來到了紅軍軍事學院。到學院後，他就向該院招生委員會主席遞交了一份讓他回師裡的申請書。隨後，華西列夫斯基被召去見招生委員會副主席。

原來，副主席竟是他熟悉的朋友特卡切夫。當年，特卡切夫在這所軍事學院學習期間，曾到步兵第四十八師實習過。現在特卡切夫在陸海軍人民委員部總幹部機關工作。這次高級軍事學院的招生工作，就是由他來全權負責的。

至此，華西列夫斯基才知道，那道調令和再次被重申的

指示，全是這位老朋友的鼎力相助。特卡切夫竭力說服他立即參加這難得的考試，但是華西列夫斯基還是委婉拒絕了，並一再感謝他的好意。隨後，華西列夫斯基又回到了他喜愛的步兵第四十八師。

回到師裡後，華西列夫斯基繼續原來的工作，直至 1924 年 12 月師辦軍校關閉。此後，由於該師第一四三團團長米洛夫佐羅夫，被調往莫斯科特種任務部隊工作，華西列夫斯基便接任了該團團長。由於他過去在師裡工作，因而對第一四三團裡的大多數指揮人員都十分熟悉。

在曾經榮膺過紅旗勛章的第一四三團，全體軍政幹部和黨組織從一開始，就對華西列夫斯基表示了熱烈的歡迎。在接下來的工作中，華西列夫斯基與各級指揮人員相互協調，工作得很愉快。

冬天，部隊主要是指揮人員的訓練，重要軍事課目由華西列夫斯基負責。在離城兩公里半的地方，建設新營房的勞動，占去了指戰員們的不少時間，但是建設並沒有妨礙戰鬥訓練。

1924 年 6 月初，在第一四三團開始野營訓練後，他們得知軍區司令伏羅希洛夫即將來特維爾和第四十八師視察。當時，華西列夫斯基領導下的第一四三團，正在進行為期 3 個月的新兵集訓。

　　軍區司令伏羅希洛夫，是在維什尼沃羅喬克視察步兵第一四四團後來到特維爾的。和司令一起來的，還有軍區有關部門和司令部的其他領導幹部。

　　在第一天的晚上，華西列夫斯基就透過師領導，呈交了一份該團最近幾天的詳盡的訓練計劃，並得到了次日9時，在團靶場上接受司令員的指示，屆時師長也將陪同前來。

　　根據戰鬥訓練計劃，那天正好是第二營的實彈射擊項目訓練，此時，該營正在做步槍射擊的一種基本練習。司令員伏羅希洛夫和陪同他的紅軍著名步兵專家謝斯塔科夫，檢查了一個班的射擊準備情況，並觀看了整個射擊過程。

　　待射擊完畢時，司令員沒有讓人向他報告各靶標的中彈情況，而是自己走到靶標那裡，仔細檢查每一個靶標。隨後，他要求把剛射擊完的那個班的戰士叫過來，每個戰士站在自己的靶標前，向司令員報告自己的射擊成績。

　　從結果來看，射擊成績很好。但有一名戰士卻一彈也沒打中，司令員就問這名戰士，為什麼成績這麼差？

　　這個戰士回答說：「司令員！我這步槍不好用。」

　　司令員問華西列夫斯基：「每支步槍在發給戰士之前，都校準過了嗎？」

　　華西列夫斯基肯定說，全部經過校準過了。華西列夫斯基請這名戰士的連長取來這支步槍的試射登記卡片。登記卡證明，這支步槍射效良好。

曾是各種步兵武器特等射手的伏羅希洛夫，決定親自檢查一下這支步槍。他和使用這支步槍的戰士，一起走向瞄準架。依託瞄準架的射擊，證明該槍射效優秀。

但是，司令員並不滿足，他命令把靶標向射擊線以後挪動 300 公尺的位置，並以臥姿無依託向靶標射擊，成績依然是優秀。

司令員對射擊班的戰士們說：「你們班打得好！對於你們取得的良好的射擊成績和學習成績，我向你們及你們的指揮官表示感謝。」

「但有人卻一彈未中。他在回答我的問題時，說槍不好用。請大家看看靶標，看來，現在他自己也信服了。我想，我們首先應該奉送給他一句俄羅斯古諺，『臉醜別抱怨鏡子』。我們希望他更認真對待學業，在集訓結束時，能夠成為一名優秀的射手。」

「但是他侮辱了他的沒有任何過錯的朋友，我不能把這支槍再還給他了。況且，我看這支步槍的射效甚至要比我平時用來練習的步槍還要好。」

「因此，我請團長把它贈送給我。我對團長的第二個請求是，今天就發給這位戰士另外一支射效同樣良好的步槍。我相信射效不好的步槍，你們團是沒有的。在夏季集訓結束後，請透過謝斯塔科夫同志，把這位『與眾不同』的戰士學習成績和射擊成績轉告給我。」

　　隨後，伏羅希洛夫等人又視察了兩個班，之後又了解了該營其他連的射擊訓練以及靶場上的射擊情況。

　　第二天，伏羅希洛夫一行對第一四三團的隊列訓練的視察也進行得很好。華西列夫斯基毫不掩飾地為自己帶領下的部隊，在司令員面前沒有丟臉而感到自豪。

　　之後舉行了大會。克利門特‧葉夫列莫維奇在講話中，對第一四三團的辛勤和成功的工作表示感謝，並預祝第一四三團全體指戰員取得新的成就。

　　軍區司令的視察，產生了巨大的影響。在此後的很長一段時間裡，戰士們經常回憶起司令員對誰講了些什麼話，對他如此了解戰士生活表示敬佩。

　　此外，令師部感到非常滿意的是，司令員對步兵第四十八師說：「整個特維爾衛戍部隊不亞於相鄰的部隊。」

　　司令員對第一四三團的評價，讓華西列夫斯基和所有的指戰員歡欣鼓舞。然而，成績只屬於過去，身為一個團的指揮員，華西列夫斯基暗下決心，必須再接再厲，爭取更大的進步。

加入蘇聯共產黨

1926 年夏，在華西列夫斯基擔任第一四三團團長期間，他在「維斯特列爾」步兵戰術進修學校團長進修班學習了一年。

「維斯特列爾」步兵戰術進修學校是蘇聯最老、也是最有名望的一所軍校。該校始建於 1918 年 11 月，1924 年定名為「共產國際『維斯特列爾』工農紅軍指揮人員步兵戰術進修學校」。

該校在培養中級和高級指揮人員方面，有著重要的作用。學員的全部課程以求實為主，這種求實精神在一定程度上具有傳統性。

進修學校聘請經驗老道的教職員。華西列夫斯基在該校進修時，校長是國內戰爭期間著名的軍事首長、3 枚紅旗勛章和榮譽武器獲得者哈哈尼揚。

1929 年，哈哈尼揚的著作《軍人心理學原理》一書問世。書中用了不少篇幅，對於軍人行為的心理學基礎分析。

哈哈尼揚在擔任進修學校校長時，表現出他作為一位組織者和教育家的卓越才幹。

當時，學校開設的課程主要有四大課目，即戰術、射擊、教學法及社會科學。校長哈哈尼揚負責戰術的教學。課堂教學分別由沃爾科夫、諾維科夫、雷什科夫斯基擔任。

學員們研究了當時最新的戰鬥，和當時新式武器的基本原理和使用方法，同時還研究了在各兵種協同作戰條件下的指揮技巧。

一些專業課程，如槍炮學、軍事工程學和軍事化學、通信、地形學和後勤組織，包括在普通戰術課之內。課程講授得都很有水準，老師都是一些嚴肅認真、思想深刻的專家。

著名的地形學專家舒瓦耶夫，軍事工程師彼得羅夫，槍炮學專家謝格爾克蘭茲，軍制學專家米舒圖什金，兵器學總導師拉托夫以及射擊學總導師舍斯塔科夫等，他們講的課都給學員們留下了極其深刻的印象。

學員們用心研究了兵器，學會了指揮各分隊火力、進行機槍遮蔽陣地射擊、對空中目標射擊、夜間射擊和煙幕中射擊。此外，社會科學課程很受學校重視，經常為學員們請來聯共中央和共產國際的著名政治活動家，做有關國際形勢的報告。

華西列夫斯基利用這次難得的學習機會，閱讀了許多俄羅斯及外國的著名軍事理論著作，並加以揣摩和研究，這對他後來在整個衛國戰爭期間，在蘇軍總參謀部和最高統帥部大本營，輔佐史達林指揮戰局很有用處。

1927 年 8 月，華西列夫斯基學習結業後，回到了原來任職的第一四三團。當時，指揮人員正忙於掌握《步兵戰鬥條

令》，軍隊配備了新式武器，主要是本國造機槍、1927 年型的團屬加農炮。1928 年 6 月間，進行了實驗性動員。

之後，華西列夫斯基所屬的步兵第四十八師，在駐地托爾若克市地區附近，舉行了戰術演習。這樣一來，部隊在戰鬥準備和動員準備方面的優點和缺點，以及部隊執行紅軍司令部此前制定的《軍隊動員教令》的能力，就全部顯露出來了。

在演習前，莫斯科軍區第一副參謀長麥列茲科夫在動員之前，檢查了第四十八師和華西列夫斯基領導的第一四三團。制定在動員和演習期間，派往第一四三團的專門委員會，由步兵第二軍參謀長特卡切夫領導。除了以軍區參謀長佩列梅托夫為首的領導機構外，由紅軍部長列維切夫領導的特別委員會，以及陸海軍副人民委員翁什利赫特，視察了整個動員進程。

檢查組對全師作了好評，其中特別表揚了步兵第一四三團，表揚了該團的戰鬥準備、動員準備、一般狀況和紀律性。翁什利赫特代表人民委員會，宣布嘉獎第一四三團全體官兵。

不久，莫斯科軍區新任司令烏鮑列維奇，也視察了步兵第四十八師。在視察的幾天裡，軍區司令向第四十八師的指揮官們提出了一系列簡短，但是內容卻極其有意義的問題。他提出了複雜的戰術和技術任務，並要求予以解決。

司令員烏鮑列維奇的視察，對部隊的發展很有益處。第四十八師的指揮官們重新審查了自己的一切，發現部隊的戰鬥訓練和政治訓練存在著嚴重的缺點。司令員烏鮑列維奇提出的問題，並沒有使指揮人員感到委屈或消沉，反而使華西列夫斯基他們心服口服。指揮官們知道，必須更加嚴格對待自己的工作，也對未來充滿勝利的信心。

透過這次對第四十八師的視察，司令員烏鮑列維奇發現，在各團之間存在著不平衡的現象，如第一四二、第一四三兩個團都是在軍事訓練和戰鬥力、紀律性方面，表現都是相當不錯的，而第一四四團則較差。

因此，烏鮑列維奇向師長官建議，必須改組第一四四團的領導機構。於是，該師長官向司令員匯報了華西列夫斯基，在第一四二、第一四三兩個團先後工作的經歷與治軍成績。這樣，經司令員同意，決定調華西列夫斯基前去治理整頓第一四四團的軍風。

當師首長通知華西列夫斯基說，準備派他去第一四四團擔任團長時，他大感意外。他立即表示自己不願去新的崗位，畢竟第一四三團是全師唯一的紅旗勳章團，這四年來，他對該團的工作花費了不少的心血。

而且，華西列夫斯基已經與全團的軍政幹部和黨組織建立了良好的關係，與他們分手，讓他感到十分不捨。

　　此外，還有一個讓華西列夫斯基感到不安的情況，那就是他準備在第一四三團實現加入共產黨的夙願。如果調任新部隊工作，必然會拖延這個問題的解決。

　　最後，師首長馬克西莫夫對華西列夫斯基說，這項調令是軍區首長同意的，其目的是為了使第一四四團盡快擺脫經常出問題的狀態。

　　但是華西列夫斯基仍舊有牴觸。

　　於是，師首長便建議他去見軍區司令員烏鮑列維奇。師首長還保證說，他將用電話先與司令員聯繫，盡力支持他要求改變命令的請求。

　　於是，在 1928 年 11 月底的一天，華西列夫斯基便親自找到軍區司令員烏鮑列維奇。司令員熱情接待了他，並詢問了他全家的狀況。華西列夫斯基把自己的真實想法都說了出來。

　　司令員問華西列夫斯基，他是否知道這道命令是根據誰的建議，以及由於什麼原因發出的。

　　華西列夫斯基做了肯定的回答。

　　聽了華西列夫斯基的肯定回答後，烏鮑列維奇對他說的那番話，使他終生難忘，甚至可以逐字逐句的背出來。

　　司令員對華西列夫斯基說：

　　你說想入共產黨，這是完全正當的。可是結果又是什麼呢？調你去第一四四團完全是黨的需要。這個問題

是步兵第四十八師黨組織提出來的。

步兵第四十八師黨組織和師首長相信，你依靠第一四四團的黨組織是能夠使該團擺脫落後狀態的。團的黨組織是堅強的，它所需要的就是一個受過良好訓練的，在軍事上有經驗的團長。

你通曉自己的工作，也熱愛自己的工作。我相信，這項工作經過你的努力會完成的。

另一方面，正是由於你過去工作一貫嚴肅認真，我和你的師長才這樣慎重對待你的要求。

所以，如果你仍然堅持留在第一四三團，我願意請求人民委員部撤銷這項命令。

現在就由你來決定吧。

聽了司令員的這番誠懇的話，華西列夫斯基開始感到不安了。隨即，他向司令員表示道歉，請求他原諒自己占用了他的時間，請求允許他立即前往新的工作崗位。他還向司令員保證，他將竭盡全力，絕不辜負黨和首長的信任。

隨後，華西列夫斯基就懷著熱情，來到了步兵第一四四團駐紮的維什尼沃洛喬克。他非常喜歡這座俄羅斯小城。小城裡有古老的水渠、水閘、花園和林蔭道。在這裡工作，他感到很高興。

步兵第一四四團黨組織和全體指揮人員，都給了華西列夫斯基很大的幫助。而他也力求把自己所知道的一切，自己

從軍 17 年所獲得、思考過的一切，傳授給各分隊的指揮官和紅軍戰士。當時，華西列夫斯基僅 35 歲。在他的領導下，第一四四團很快就成為優秀的團了。

1930 年秋，在全師校閱中，步兵第一四四團在師裡名列第一名。在同年秋季軍區演習中，也取得了優異的成績。

同年秋末，軍區在莫斯科郊區舉行了一次大規模的軍事演習。陸海軍人民委員、一些軍區和高等軍事院校的代表，還有一些外國軍事代表團觀看了這次演習。

在演習結束後，紅軍總部作戰部部長兼副參謀長特里安達菲洛夫，在與華西列夫斯基告別時，對他說，為了事業的需要，華西列夫斯基可能將於最近調去人民委員部中央機關任職。

1931 年春天，儘管華西列夫斯基多次請求留在步兵第四十八師工作，但是人民委員部還是下令將他派往工農紅軍軍訓部。於是，他決定利用他調任新職之前加入共產黨。

華西列夫斯基向所在的第一四四團黨組織提出了入黨申請，團黨委欣然接受了他這一請求。

華西列夫斯基在晚年時，還清楚地記得那次討論他入黨的會議，會議是在他赴莫斯科任新職前最後的一個星期天舉行的。

在回憶錄中，華西列夫斯基這樣寫道：

會議是公開進行的，會場定在全團初級人員指揮學校
的列寧廣場，全團幾乎所有的人都來參加了。

我簡直難以用筆墨來表達我在此時此刻的全部感受。
在場的高級和中級指揮人員和政治工作人員，以及普
通戰士中的同志們，都對我的工作給予了高度的評
價。我懂得，他們對我說的那些美好的話都是給我的
巨大鞭策。

黨的會議一致決定接受我為共產黨預備黨員。幾天以
後，師黨委批准了這個決定，並將這個決定報送軍區
黨委。1931 年 8 月，莫斯科軍區黨委批准這一決定。
於是，我成了聯共黨的預備黨員。

但是，華西列夫斯基成為正式黨員卻要晚得多。因為自
1933 年以後，蘇共內部開始了大規模的所謂「清黨」運動，
至 1936 年前，一直停止吸收新黨員工作。

1938 年初，總參謀部黨委同意接收華西列夫斯基為正式
黨員。同年 3 月，這一決定得到紅軍政治部黨委的批准。

紅軍高參

具有民族自豪感和勝利信心的民族是不可戰勝的。
具有決定性的行動愈簡單，則成功的機會也就愈大。
　　　　　　　　　　　　　　── 華西列夫斯基

調到紅軍軍訓部任職

　　1931 年秋，華西列夫斯基因表現優異、治軍有方，被調到紅軍軍訓部任職。

　　軍訓部是一個剛成立的部門。華西列夫斯基剛來時，被安排住在索科爾尼基。在剛到不久的星期天，華西列夫斯基在離家不遠的地方，偶然碰到了特里安達菲洛夫夫婦。儘管彼此的職位懸殊，但這次見面，還是像前幾次在特維爾和維什尼沃洛喬克見面時一樣，親切且自在。

　　時任紅軍作戰部長的特里安達菲洛夫，祝賀華西列夫斯基擔任了新職。他知道華西列夫斯基不太安心之後，便勸慰他說，軍訓部的工作也是一件重要而有意義的工作。

　　可是，誰能想到，在這次見面以後僅僅幾個星期，華西列夫斯基就懷著悲痛的心情，為親愛的特里安達菲洛夫送葬了。1931 年 7 月 12 日，因飛機遇難，他離開人世了。

　　華西列夫斯基能到軍訓部機關工作，就是特里安達菲洛夫推薦的。華西列夫斯基被他發現，是因 1928 年特里安達菲洛夫帶職鍛鍊，到莫斯科軍區第二軍任軍長，而這時正是華西列夫斯基領命改造該軍所屬的第四十八師第一四四團的開始時期。

　　在相互交往中，彼此建立了深厚的友誼。

　　到軍訓部後，他全心全意對待新工作方面，沒過多久，

新工作就把他吸引住了，並且完全占據了他的整個身心。

　　從 1931 年成立起，他一直工作至 1934 年底。對於華西列夫斯基來說，軍訓部是一個對軍人的成長極其有益的學校，不僅在軍事方面，而且在黨的政治工作方面，都使他獲益良多。

　　軍訓部當時由軍訓司令部和幾個監察部組成，有步兵監察部、騎兵監察部、砲兵監察部、工程兵監察部、通信兵監察部、體育訓練監察部和軍樂監察部等。

　　把紅軍的各兵種都結合的組織本身，對整個軍訓的組織，特別是對現代戰爭中極其重要的各兵種協同問題的研究，產生非常大的影響。

　　華西列夫斯基和軍訓部的工作人員，經常下部隊檢查軍訓情況，發現訓練中的薄弱環節，為指揮人員上示範課；在部隊中研究進行各兵種合成戰鬥的新方法，改進部隊訓練方法。透過實兵演習，來檢驗起草的戰鬥條令和為按軍訓系統所屬各兵種制定的專門教令。

　　令華西列夫斯基感到高興的是，軍訓部全體工作人員大部分時間都是下部隊。在每次下部隊之前，要在軍訓部長、軍訓部參謀長或某一位工作有關的監察部部長的領導下，詳細研究所有應該檢查的課題。

　　從 1931 年起，華西列夫斯基還兼任了軍刊的工作。他主持編輯和出版軍訓部發行的《軍訓通報》，這是工農紅軍指

揮人員的理論輔導教材。後來，蘇軍最有影響的軍事學術刊物《軍事通報》也轉歸軍訓部辦，華西列夫斯基也兼任了該刊的編輯部工作。

在軍訓部工作期間，華西列夫斯基深入研究了關於大縱深進攻戰役的理論，以及諸兵種合成戰鬥動作協調等一系列最新軍事科學理論。

由於華西列夫斯基在大縱深戰役理論研究方面取得的突出成績，當謝佳金將軍出任第二任軍訓部部長後，華西列夫斯基多次被派遣到各軍區的野戰部隊，檢查應用訓練演習。

在 1933 年夏季進行的諸兵種合約大縱深戰役試驗演習中，華西列夫斯基被任命為演習導演司令部的參謀長。

在演習結束後，華西列夫斯基參與編寫《大縱深諸兵種合約戰鬥細則》，以及《步兵、砲兵、坦克兵和航空兵在現代諸兵種合約戰鬥中的協同動作細則》。

同年，華西列夫斯基還參加了軍訓部司令部和工農紅軍參謀部工作人員一起，編寫了《部隊各級司令部勤務教令》的工作，該教令經工農紅軍參謀長批准後，發給了部隊。

在下部隊之外的時間裡，華西列夫斯基與軍訓部的同事們一起，參加系統的戰鬥、技術和作戰方法的作業。軍訓部工作人員經常到有關研究單位最新的技術裝備，或到砲兵、坦克兵和工程兵射擊場見習。

參與這一系列的活動，讓華西列夫斯基受益匪淺。

根據人民委員部的命令，軍訓部還經常給人民委員部中央機關首長上課。其中最重要的課程講座，直接由副國防人民委員留哈切夫斯基親自講授，華西列夫斯基和其他工作人員則負責準備沙盤演練。

軍訓部不斷關注的另一個問題是，方面軍（軍隊的一種建制）和集團軍大縱深戰役的理論。隨著國際形勢的日益加劇，這一理論顯得越來越重要了。

擔任總參戰役訓練處處長

1934 年，窩瓦河沿岸軍區的夏季演習，暴露出戰役戰術訓練以及軍事指揮，特別是軍師兩級指揮方面的一系列缺點。因此，人民委員會發布命令，對這次演習的結果作出相應的評價和指示，並就演習作出結論。

鑑於必須加強窩瓦河沿岸軍區司令部機關的工作，華西列夫斯基被派往那裡，擔任軍訓部部長。在此期間，華西列夫斯基有幸結識了許多後來成為蘇軍名將的軍事領導人。如他的終生摯友、著名的朱可夫元帥，以及索科洛夫斯基元帥、布瓊尼元帥、特卡切夫將軍等。1935 年 9 月 22 日，蘇聯中央執行委員會和蘇聯人民委員會發布決定：在工農紅軍和海軍中，實行指揮人員和領導人員軍銜制，因此華西列夫斯基被授予上校軍銜。

1936 年秋，華西列夫斯基的工作又有了新變動。人民委員部命令華西列夫斯基和司令部作戰部部長特羅菲緬科上校，到剛成立的總參謀部學院進行深造。挑選學員的工作是在黨中央的直接領導下進行的。派往該學院學習的學員，都是總參謀部、各軍區司令部的工作人員，各大兵團司令和參謀長以及工農紅軍各院校的教員。凡是被派往學院學習的人員，都必須具備戰鬥資歷，優良的工作鑑定，還要受過高等軍事教育。

總參謀部學院坐落在特魯別茲基大街的兩座大樓裡。一座樓作為教室，另一座樓作為學員宿舍。學員的學習限定為一年半。1936 年 11 月 1 日，學院開學了。學員們穿的制服上衣和大衣，都有鑲有白邊的黑色天鵝絨衣領。褲子兩側有帶白邊的深紅色鑲條。軍帽也有帶白邊的深紅色帽圈。這種制服一下子就把這個學院的學員與其他軍人區分開了。

在學習期間，華西列夫斯基用大量的時間和心血，了解和研究最新技術兵器和當前外國軍隊的書面材料。對集團軍戰役、航空兵兵團行動、坦克裝甲兵團作戰，以及集團軍後方與後勤工作等最新軍事的熱點理論問題，他都表現出濃厚的興趣。

1937 年 6 月 1 日至 7 月 15 日，學院的學員放暑假。假期過後，華西列夫斯基和其他學員被安排到海軍艦艇上實習

兩週。按規定，學員一半去黑海艦隊，一半去波羅的海艦隊。華西列夫斯基被分到波羅的海艦隊實習。

1937 年 8 月底，總參謀部學院的臨時領導日古爾教員，指示華西列夫斯基擔任包括在戰役學教研室的後勤教研室領導工作。

這項任命，讓華西列夫斯基感到莫名其妙，因為他從來沒有做過這類的工作。然而學院上級通知他說，這項任命是原先的學院上級提出的，並且已經由總參謀長批准。

於是華西列夫斯基當上了教員，而且還當上了這所重要學校的教研室主任。然而，剛過一個月，華西列夫斯基被召回了總參謀部。總參謀部對他宣布說，已經任命他為總參謀部主管軍隊高級指揮人員戰役訓練處的處長。隨後人民委員部的書面命令便很快下達了。

從 1937 年 10 月開始，華西列夫斯基在紅軍總參謀部工作了。當然，此時他還不知道自己注定要在總參謀部工作許多年，而且在這些年中所擔負的工作，是他一生中擔負的最為複雜且困難的工作。

直到 1939 年 6 月，華西列夫斯基一直擔任總參謀部戰役訓練處處長。當時，華西列夫斯基的主要時間，是用來完成總參謀長沙波什尼科夫交給他形式上紛繁複雜，但內容相似的任務。

華西列夫斯基此時所肩負的工作，比他在 1937 年以前所從事的全部工作要複雜得多。在總參謀部，在沙波什尼科夫的領導下，華西列夫斯基開闊作戰方面的眼界，增長了經驗和知識。從這時起，他對武裝力量系統中的各軍種、兵種所起的作用，才有了充分的認識。

總參謀部戰役訓練處注意到國際形勢加劇了，德國不斷舉兵侵略。1938 年 7 月，日本軍國主義者武裝進犯蘇聯哈桑湖附近的領土。他們想檢驗蘇軍的戰備狀況。

蘇軍在接到軍事統帥部的命令後，於 8 月 2 日轉入進攻。戰事延續了一週，最終得到了 70 架作戰飛機支援的日軍兩個步兵師、一個步兵旅和幾個騎兵旅，若干坦克獨立部隊和若干機槍營被擊潰，其殘部被驅逐出蘇聯領土。

在這次戰鬥中，紅軍已經顯示出增長的戰鬥實力，以及高昂的士氣和戰鬥素質。在這段日子裡，華西列夫斯基遵照總參謀長的命令，一直守候在電話機旁值班，這部電話就是專門為戰事，裝設在人民委員伏羅希洛夫辦公室對面的房間裡。

1938 年 8 月，華西列夫斯基第二次被授予旅級軍銜。

1938 年秋，華西列夫斯基因他的「微小的成績」，再次得到了嘉獎。總參謀部對總參機關發布了一項命令，表彰他「忠誠和高質量完成了一系列重大任務」。

制訂「反擊侵略計畫」

1939 年初，由於戰爭的日益臨近，總參謀部決定將原來的作戰部擴充為權限更高的作戰部，並對作戰部的領導人和工作人員做了較大的調整。

1939 年 6 月，經沙波什尼科夫與國防人民委員伏羅希洛夫商定，最後報請最高統帥史達林批准，華西列夫斯基出任作戰部副部長，同時兼任戰役訓練處處長。

1939 年 9 月 1 日，德國侵犯波蘭，第二次世界大戰爆發了。同日，蘇聯最高蘇維埃會議透過了普遍義務兵役制的法律。

由於職務的關係，華西列夫斯基直接參與了編制反突擊計劃的工作。計劃的基本思想和主要內容是沙波什尼科夫規定的。

1939 年 12 月末，最高軍事委員會不得已停止蘇軍的進攻，重新制訂突破「曼納林防線」的作戰計劃，並為此而進行相應的準備。

1940 年 1 月初，聯共中央政治局專門開會研究這些問題。會議的準備工作由沙波什尼科夫負責。

第一副總參謀長斯莫羅基諾夫從衝突一開始，就根據國防人民委員部的命令，被派往前線幫助列寧格勒軍區。

因此，總參謀長決定要華西列夫斯基臨時代理副總長的職務，負責作戰方面的問題。

在這段日子裡，華西列夫斯基隨同沙波什尼科夫，第一次到克里姆林宮，見到聯共中央政治局的委員們和史達林。每當回想起這段時光，華西列夫斯基就對敬愛的沙波什尼科夫油然升起感激之情，感謝他在自己完成緊張的工作時，用親切的談話、勸告和教導，對他是巨大幫助。

1940 年 1 月 7 日，根據總參謀部的建議，為了在卡累利阿地峽突破「曼納海姆防線」，創建了西北方面軍，由鐵木辛哥任方面軍司令。突破「曼納海姆防線」的計劃，最後定稿工作落到了鐵木辛哥和總參謀部的肩上。

1 月間，部隊在後方所布置的模擬敵人築壘地域的野外場地進行了士兵演習。2 月初，軍隊和司令部的準備工作即告結束。2 月 11 日，方面軍轉入進攻，敵人的防禦被突破了，部隊順利向前推進。

芬蘭政府看到自己的陰謀即將破滅，於是轉而向蘇聯求和。以總理李第為團長的芬蘭政府代表團來到了莫斯科，雙方開始和平談判。

華西列夫斯基也是蘇聯代表團成員之一。除了史達林的一般性指示外，華西列夫斯基在莫洛托夫和沙波什尼科夫的領導下，準備提交所有談判討論關於新邊界的建議。

1940 年 3 月，雙方簽訂了合約。

為了對新確定的國界標界，指派了混合委員會，蘇聯政府任命華西列夫斯基擔任該委員會的蘇方領導人。委員會的任務是就地完成最後測量、劃定和標界的工作。

這項工作最終的結果是令人滿意的，不僅保障了蘇聯的國家利益，同時保持了與芬蘭的睦鄰關係。

蘇芬和平條約的簽訂，挫敗了英、法帝國主義者的陰謀，蘇聯在西北和北方的策略地位得以改善。

1940 年 5 月，聯共中央和蘇聯政府對國防人民委員部和總參謀部的領導進行大幅度的調整。在此次調整中，華西列夫斯基被任命為總參謀部作戰部第一副部長。

從 1940 年 4 月中旬開始，華西列夫斯基參與總參謀部的一項重要工作，制訂「反擊侵略計劃」。

在這段時間裡，華西列夫斯基滿腦子裡都是作戰計劃。經過三個月的緊張工作，這項計劃基本完成。

1940 年 9 月，紅軍的這個策略展開的方案和計劃，在黨中央政治局的一些委員在場的情況下，直接向史達林作報告。國防人民委員鐵木辛哥、總參謀長麥列茲科夫和第一副總長瓦圖京，代表國防人民委員部提出這份計劃。

華西列夫斯基和阿尼索夫將軍，負責把計劃送到克里姆林宮去。在審查計劃的幾個小時的時間裡，他們就待在史達

林祕書處的房間等候。

總參謀部反覆修訂的這份「反擊侵略計劃」考慮得相當周密，包括華西列夫斯基等主要制訂者在內的總參謀部人員，為此付出了大量的精力和心血。

受到史達林的關切

華西列夫斯基之所以能得到史達林的關注，是因為沙波什尼科夫不斷地在史達林面前，提起自己的這位得力的部下。

1940 年的春天，華西列夫斯基已是總參謀部作戰部的第一副部長了。為了討論當時還在祕密狀態下的對德「反擊侵略計劃」，他經常與當時的總參謀長沙波什尼科夫元帥，到史達林那裡匯報工作或研究問題。

一次，在開得相當長時間的蘇共政治局會議結束後，史達林邀請所有與會人員，到克里姆林宮辦公室下面一層的住所進餐。

因在會上就總參謀長的報告，通過了一系列作戰的決定，所以沙波什尼科夫指示華西列夫斯基立刻返回總參謀部，從那裡發出與這些決定有關的命令。

華西列夫斯基回到總參 45 分鐘之後，史達林便叫祕書波斯克列貝舍夫給他打電話，說克里姆林宮裡都在等他吃飯。因此華西列夫斯基一分鐘也不敢耽誤，很快辦完了交代的事

情。幾分鐘之後便坐在餐桌旁沙波什尼科夫的身邊了。

在祝酒中間，史達林竟提議為華西列夫斯基的健康乾一杯。

接著，又向華西列夫斯基提出了一個他根本意想不到的問題：「你在神學院畢業後，為什麼不去當神父？」

華西列夫斯基一時間感到有些困窘，然後他回答說：「無論是我還是我的父親，都沒有過這種願望。他的四個兒子沒有一個是當神父的。」

聽了華西列夫斯基的回答，史達林微微一笑，說道：「是啊，是啊，您沒有這樣的願望，這是可以理解的。而我和米高揚想去當神父，卻不知人家為什麼不收留我們。其中的原因，我們至今都不明白。」然而，談話到此並未結束。

「請你說說，」史達林繼續說，「你和你的兄弟們為什麼在經濟上不幫助父親呢？我多少知道一點，你的一個兄弟是醫生，另一個是農學家，第三個是指揮官、飛行員，而且收入相當豐厚。如果你父親不是現在，而是很早以前就離開教會的話，我想你們都會幫助雙親的。他之所以需要教會，也不過是為了生活嘛。」

華西列夫斯基回答說：「自 1926 年起，我就與雙親斷絕了一切聯繫。如果我不這樣做，那麼顯然我不但不能加入到黨的隊伍裡，而且未必能夠參加工農紅軍，更談不上在總參謀部服務了。」

　　隨後，華西列夫斯基舉了一些事實為證。他說：「幾週之前，我收到父親的一封來信。我立即將信的事報告了我的黨組織書記。他要我和雙親的關係，保持過去的做法。」

　　這是因為，華西列夫斯基在填寫的履歷表中，一直說和雙親沒有任何的聯繫。

　　史達林和就餐的政治局委員們，聽到華西列夫斯基說出這樣的事情，都感到很驚異。於是史達林說：「你應該立刻與雙親建立聯繫，在經濟上給他們一些幫助。」史達林還表示說，把准許的情況告訴總參的黨組織。

　　此事就這樣過去了。然而，過了若干年之後，有一天，史達林不知為什麼，又向華西列夫斯基問起了他的雙親的情況。詢問他們住在哪裡，日子過得怎麼樣。

　　華西列夫斯基回答說：「母親已經去世，80 歲的父親住在基涅什馬的大女兒那裡。她以前是個女教師，偉大的衛國戰爭中失去了丈夫和兒子。」

　　「那你為什麼不把你的父親，或者連同你的姐姐，接到你這來呢？他們在這裡總不會更壞吧。」史達林勸說道。

　　史達林的關切，讓華西列夫斯基很受感動。但他想如果不是沙波什尼科夫的話，也就沒有今天的他，恐怕也沒有史達林對他的親屬這種深厚的情誼。

　　所以，在華西列夫斯基的心目中，一直對自己的老上級沙波什尼科夫元帥充滿感激之情。

以軍事專家身分出訪德國

1940 年 11 月 7 日，在莫斯科紅場上舉行閱兵和群眾的遊行之後，華西列夫斯基和茲洛賓將軍，便被叫到了國防人民委員鐵木辛哥那裡。

鐵木辛哥通知他們說：「根據政府的決定，最近幾天內，你們將以軍事專家的身分，作為政府代表團的成員前往柏林。你們將會直接從代表團團長那裡得到必要的指示。」

率領代表團的是蘇維埃人民委員會主席兼外交人民委員莫洛托夫。這次出訪是由柏林方面提議的。

11 月 9 日，代表團起程。德國駐蘇聯大使馮‧德‧舒倫堡隨專列與代表團前往。代表團與莫斯科保持著經常的無線電聯絡。

在登程的第一天，莫洛托夫的助手拉普紹夫，就邀請茲洛賓將軍和華西列夫斯基去見代表團團長。從談話中他們知道，在柏林的談判將是政治性的。代表團此行的目的是，力圖搞清希特勒的下一步計劃，並盡可能把德國的侵略計劃推遲。

11 月 10 日晚上，火車行至蘇聯邊境。在德國的邊境火車站埃德庫寧，地方鐵路當局一再堅持要蘇聯代表團轉乘他們特地準備的列車。

蘇聯代表團透過自己的列車長斷然拒絕，因為蘇方的列車已在最後一個蘇聯車站裝上了西歐式的列車托架。蘇聯鐵

路是寬軌鐵路，德國鐵路是窄軌鐵路，所以列車出境時，要換托架。

在蘇聯列車長與德國人進行長時間的辯論之後，德國人不得不讓步，在蘇聯專車的後面加掛了兩節德國的車廂。

列車繼續前進。11月12日清晨，列車抵達柏林。在安哈爾特車站，迎接蘇聯代表團的是以德國外長馮‧裡賓特洛甫和凱特爾元帥為首的一批國務活動家。在舉行了歡迎儀式後，華西列夫斯基他們被安排在美景宮下榻。

在當天上午，蘇聯代表團團長在蘇聯駐柏林大使以及翻譯人員和馮‧里賓特洛甫的陪同下，前往帝國總理府會見希特勒。在會見中，希特勒建議討論德、意、日、蘇四國「瓜分世界」的計劃，妄圖把蘇聯拉進一場賭博之中。

莫洛托夫批駁了種種政治誹謗，拒絕回答他們的問題。那就是：柏林對東歐的政策和德國在芬蘭和羅馬尼亞的目的，由於雙方找不到共同語言，出現了分歧。於是第一次談判告一段落。

當晚，在菩提樹下大街的蘇聯大使館舉行了招待會。然而，還沒有來得及在餐桌旁就座，空襲警報就響起來了。原來是英國飛機正向柏林方向飛來。因此，招待會不得不中斷了。

11月13日晚，里賓特洛甫在威廉街接見莫洛托夫。但是，他們的挑撥離間陰謀仍未得逞。在柏林的會談，蘇聯代

表團沒有與德國就任何問題達成協議。

11月14日，蘇聯代表團離開柏林回國。送行時，德國人表面上的客套已經消失無蹤了。用華西列夫斯基的話來說，「只有冷淡的送行，互相說些索然無味的官場辭令。」

12月5日，希特勒審查了「奧托計劃」，即進攻蘇聯的計劃，並原則上表示同意。

12月18日，希特勒又下達指示，制訂一個更為詳細的「巴巴羅薩計劃」代替「奧托計劃」。這個計劃規定了期限，準備於1941年5月15日對蘇聯實施突擊。

在往返柏林和停留的幾天裡，華西列夫斯基與代表團中的許多成員建立良好的關係。特別是和黑色冶金人民委員捷沃相之間，建立了良好的友情。在去柏林的途中，捷沃相就向華西列夫斯基講述了許多有關德國工人階級生活和習俗的趣聞。捷沃相願意把他對當今德國局勢的結論，講給大家聽。他斷言，希特勒許諾在奪取了別國土地後，共享數不清的財富的法西斯宣傳，以及希特勒政府向德國各階層居民施捨的小恩小惠，在小資產階級以及工人階級引起了反響。

關於希特勒對蘇聯的關係，捷沃相深信，希特勒的一切均是陰謀，都是直接指向東方的，蘇聯和德國的軍事衝突已經迫在眉睫。

後來，華西列夫斯基多次領教了捷沃相高度的辦事才幹和

高尚的個人品德。捷沃相的工作繁忙，但是華西列夫斯基記得，無論哪一次向他提出問題，他都能迅速而恰當予以解決。

對於此次出訪，代表團全體成員的共同感受是：蘇聯從來沒有像現在這樣，必須準備反擊法西斯的侵略。

領導大戰中的作戰部

1940 年 12 月，蘇聯國防人民委員部舉行了全軍領導人員的會議，12 月底進行了戰役策略演習。由於華西列夫斯基在 1940 年 11 月底，因工作過度勞累生了一場重病，因而未能參與這些重大的演習。

1941 年 2 月，華西列夫斯基恢復了工作。那一天，恰好是任命朱可夫將軍接替麥列茲科夫，擔任總參謀長的一天。

1941 年的上半年，總參謀部的工作一直都非常緊張。一次又一次分析了第二次世界大戰頭幾年的各次戰役，以及進行這些戰役的原則。

1941 年 6 月，總參謀部接連不斷從西部邊境各軍區和集團軍的作戰處，接到一個比一個令人震驚的報告。

德軍已在蘇聯邊境集中完畢，並著手在邊境上的許多地段拆除其早先設置的鐵絲網，並在掃雷。顯然德軍在為他們的軍隊衝向蘇軍的陣地掃清道路。德軍的巨大坦克群進入了地域。

夜晚，可以聽到大批的坦克發動機的喧囂聲。

戰爭一觸即發，華西列夫斯基他們作戰部的全體工作人員幾乎寸步不離自己的崗位，雖然此時還沒有接到上級的任何命令。

6月22日0點，責成作戰部立即轉發總參謀長朱可夫交來的，由國防人民委員鐵木辛哥和他簽署的發給列寧格勒軍區、波羅的海沿岸特別軍區、西部特別軍區、基輔特別軍區和敖德薩軍區首長的訓令。

訓令說，6月22日至23日，德軍可能在這些軍區正面實施突然襲擊。還指出，襲擊可能從挑釁行動開始。因此，蘇軍的任務是：不要受任何挑釁的影響，因為這會使問題複雜化。但接著又強調指出，各軍區務必做好充分的戰鬥準備，以防敵人可能的突然襲擊。

1941年6月22日0時30分，訓令發往各軍區。

在戰爭爆發的這個決定性的夜晚，各邊境軍區指揮部和國防人民委員部領導和總參謀部保持著不間斷的聯繫。

凌晨4時以後，每隔幾分鐘，從軍區司令部作戰部門就向作戰部發來德國空軍轟炸蘇軍機場和城市的報告。

具有兩年現代化戰爭作戰經驗，裝備精良的德國法西斯，襲擊了蘇聯的邊防部隊和掩護部隊。

6月23日，蘇聯最高統帥部大本營成立。同一天，蘇共

中央政治局透過了關於組成蘇聯情報局的決議。總參謀部領導把為政府發布前線消息的任務，交給了情報部長戈利科夫中將和華西列夫斯基。

6月30日，蘇聯最高蘇維埃主席團、蘇共中央和蘇聯人民委員會，建立了由史達林任主席的國防委員會。

在蘇聯人民和平生活中斷的日子裡，大家立即集中到一個共同的目標上：無論多麼困難，也要撐住，也要堅持下去。

在戰爭爆發後，華西列夫斯基領導的作戰部，簡直就像一所蜂房。「蜜蜂」從前線飛來，帶來了許多需要立即處理的情報。

情報分發給3個部門，即按照戰鬥行動的3個主要方向：西北、西方和西南相應成立的3個處。能立即同時按幾條線路來回發報的「博多」式電報機不停工作。

過去的軍區司令部，即現在的方面軍指揮機關，把情報送到作戰部，作戰部把中央的號令下達各軍隊。

由於工作緊張，所以顯得人手非常的短缺。主要工作集中在一個大廳裡，這裡聚集著負責與軍隊進行聯繫的主要幹部。各種比例和各種用途的地區和地形圖到處都是。

電報聯繫或由通信飛機，或由偵察機，情報接連不斷傳來。

前線有什麼變化？我軍和敵軍的部隊位置正在哪裡？戰鬥在什麼地區進行？援軍派往何處？什麼地方迫切需要技術

兵器？需要哪種技術兵器？所有這些，參謀部的工作人員必須及時把消息傳到大本營。

華西列夫斯基對同事們經常說這樣一句話：「盡可能全面而準確的情報，就如空氣一般必不可缺少。」

戰爭緊張激烈地進行著。

1941 年 7 月 19 日，史達林被任命為國防人民委員。8 月 8 日，他又被任命為蘇聯武裝力量最高統帥。從這一天起，最高策略指揮機關開始稱作「最高統帥部大本營」。

在戰爭爆發的最初兩個月，華西列夫斯基的工作僅限於在總參謀部裡。

7 月 30 日，在斯摩稜斯克會戰最激烈的時候，為了更可靠地掩護莫斯科方向，並在這裡建立更大的縱深防禦，大本營成立了預備隊方面軍。方面軍司令是朱可夫，參謀長是利亞平少將。8 月 10 日，阿尼索夫少將接替他繼任參謀長。

7 月 30 日凌晨，蘇聯元帥沙波什尼科夫被任命為總參謀長。史達林比較喜歡把朱可夫的指揮經驗直接運用到部隊之中。

同日，為了研究和加強保衛列寧格勒的措施，大本營召回西北方向總司令伏羅希洛夫和軍事委員會委員日丹諾夫。

剛剛接替朱可夫元帥，再入總參謀部工作的沙波什尼科夫總參謀長，也參與了這次討論。

沙波什尼科夫從大本營回到總參謀部後，已是第二天凌

晨 4 時多了。沙波什尼科夫對華西列夫斯基說，在大本營討論的問題中，有一個加強西北方向指揮部的問題。

會議結束後，伏羅希洛夫建議任命華西列夫斯基為參謀長。沙波什尼科夫想聽聽華西列夫斯基的意見。

華西列夫斯基對此感到有些意外，他十分懇切地說：「如果像扎哈羅夫這樣有才幹的，在作戰方面受過全面訓練的人擔任這一職務，都不能使克利門德‧葉弗列莫維奇滿意，那麼毫無疑問，我就更不適於這個工作了。」

沙波什尼科夫對華西列夫斯基說：「晚上大本營將再次研究西北方向的問題，看來關於你的任命問題也將作出決定。」

沙波什尼科夫還建議他說，利用剩餘的時間，好好研究一下西北方向的作戰情況。

於是，華西列夫斯基花了一整天的時間，埋頭研究地圖和各種文件。

深夜，沙波什尼科夫從克里姆林宮回來了。

他迫不及待地向華西列夫斯基傳達了大本營的新決定：他被任命為作戰部部長和副總參謀長。獲得晉升後，華西列夫斯基的工作更加繁忙了。

履行副總參謀長職責

1941 年 8 月 1 日，華西列夫斯基到新的崗位上就職。當時大本營和總參謀部遷到了基洛夫大街。

因為在轟炸時，從這裡能迅速轉移到基洛夫地下鐵道車站。此時，車站的大廳已經與鐵道隔開了，大廳被隔成了許多辦公室。最重要的是史達林的辦公室，以及總參謀部和通信人員的辦公室。

有一次，華西列夫斯基正在地下的電報房裡和西南方面軍通話。這時空襲警報響起來了。在通話中，需要他立即到上面去取文件。

華西列夫斯基快步走到電梯旁，這時他碰到了以史達林為首的國防委員會委員們。史達林走到華西列夫斯基跟前，指著他，對和他並排走的莫洛托夫笑著說：「哦！瞧他在這！一切不愉快的事都是從他那來的」。大家不禁都笑了起來。

然後，史達林向華西列夫斯基問好，並問道：「這一段時間你在哪躲著？我們怎麼總是看不到你？已經發出空襲警報了，你還要到哪去？」

華西列夫斯基回答說：「我仍舊在總參謀部工作，我現在去取一些必要的文件，馬上就回來。」話還沒說完，他便快步進入電梯。

這次見面是在華西列夫斯基被任命為作戰部長和副總參

謀長之前。從 1940 年 2 月到這次見面的這段時間裡，華西列夫斯基一直沒有機會見到史達林，所以史達林才如此說。

從 1941 年 8 月初開始，華西列夫斯基隨沙波什尼科夫每天都到最高統帥部去，有時一天要去好幾趟。

在 1941 年夏季，會面一般是在克里姆林宮史達林的辦公室。當時所要解決的主要問題之一，就是主要預備隊的組成和集中的地點問題。

8 月 2 日，德軍的坦克第一集團軍的主力與第十七集團軍截斷了蘇軍的交通線，然後在烏曼地區合圍了第六集團軍和第十二集團軍，南方方面軍的情況也很嚴重。

最高統帥部大本營，不得不時刻注視著西南方向的勢態發展。8 月 4 日晚，在大本營討論前線形勢時，華西列夫斯基得到指示，將西南方面軍司令基爾波諾斯上將和軍事委員會委員赫魯曉夫召到電報機旁通話。

大本營的電報室，設在克里姆林宮內緊靠著史達林私人祕書波斯克列貝舍夫的辦公室。這個辦公室並排的是史達林的書房，華西列夫斯基他們總參謀部的工作人員，在克里姆林宮起草文件時，就利用這個書房。

在克里姆林宮中與各方面軍進行電報通話時，在「博多」式電報機上直接工作的，是總參謀部最優秀的專家，即技術中尉維庫洛夫。

8月5日，西南方向參謀長波克羅夫斯基少將在電報通話中，向華西列夫斯基轉告了西南方向總司令布瓊尼給大本營的報告。布瓊尼鑑於目前形勢，請求准許他將南方方面軍撤至因古爾河一線。

華西列夫斯基把這項請求，報告了總參謀長沙波什尼科夫，沙波什尼科夫又報告給最高統帥。隨後，華西列夫斯基和沙波什尼科夫奉命立即到大本營去。史達林向他們兩人口授了一道他們必須立即發給西南方向總司令和南方方面軍司令的訓令。

隨後，沙波什尼科夫奉命用電報與布瓊尼聯繫，並親自向他解釋大本營下達的訓令的內容。布瓊尼通知沙波什尼科夫，8月4日清晨，敵人仍然在進攻，而且已占領基洛沃格勒地區。

在隨後的幾天裡，西南方向的策略戰役形勢急遽複雜化。8月15日，南方方面軍經過激戰，放棄了克里沃羅格，8月17日放棄了尼古拉耶夫。8月16日，勃良斯克方面軍也投入了抗擊正向科諾托普和切爾尼戈夫實施突擊的，德軍坦克第二集群和第二集團軍的艱苦的防禦戰。

總參謀部已經意識到勃良斯克方面軍司令的保證顯得有些太倉促了。對西南方面軍右翼，特別是對繼續保衛科爾松築壘地域的西南方面軍第五集團軍的威脅與時劇增。

8 月 17 日，沙波什尼科夫和華西列夫斯基決定，在向最高統帥報告時，提出關於把西南方面軍右翼，撤至第聶伯河右岸的問題。但史達林堅信，葉廖緬科即便不能擊潰德軍坦克第二集群，至少能阻止它南進，因而拒絕了華西列夫斯基他們的建議。

由於戰爭局勢進一步惡化，直到 9 月 17 日，最高統帥最後相信西南方面軍的局勢無法扭轉了，才批准西南方面軍放棄基輔。蘇軍在基輔方向的行動阻止德軍的中央集團軍達一個多月之久。這對準備莫斯科大會戰是非常重要的。

智勇雙全

努力學習是一輩子的事,軍人的職業就是這樣一種
職業,只有不斷學習才能不斷取勝。

—— 華西列夫斯基

參與指揮莫斯科大會戰

蘇德戰爭進入第一個秋季時，蘇聯紅軍的策略形勢仍然極其緊張。總參謀部認為，前線軍事行動的緊張程度將不亞於戰爭初期。

1941 年 7 月 16 日，德國中央集團軍群攻占斯摩稜斯克，打開了通往莫斯科的大門。然而希特勒卻令中央集團軍群暫停東進，並調其主力去支援對列寧格勒和烏克蘭的作戰。

而當基輔會戰展開後，希特勒又突然改變了他的策略，決定等基輔會戰勝利結束後，將作戰重點回到莫斯科軸線上，而只對列寧格勒實施圍困。

1941 年 9 月底，德軍基本上完成了奪取莫斯科的策略部署。希特勒在中央集團軍群司令部的會議上說，在這次戰役中必須對莫斯科實行合圍。他把該戰役命名為「颱風行動」，規定 10 月 2 日突擊。

同時，希特勒還發出了毫無人性的指示：「任何一個俄國士兵，任何一個居民不管是男人、婦女還是兒童逃出城外。突圍的任何企圖，必須以武力鎮壓之。」

莫斯科面臨著巨大的危險。

9 月 30 日至 10 月 2 日，德軍對掩護莫斯科方向的蘇軍進行猛烈的打擊。蘇軍所有的三個方面軍都在頑強的浴血奮戰，莫斯科大會戰開始了。

莫斯科形勢萬分危急，10 月 5 日，史達林致電列寧格勒方面軍司令員朱可夫大將，要求其火速返回莫斯科，商討首都的防禦問題。與此同時，國防委員會作出保衛莫斯科的決定，決定號召全體莫斯科市民，不惜一切代價，協助蘇軍保衛首都。

當天，華西列夫斯基作為大本營代表，與國防委員會委員伏羅希洛夫、莫洛托夫及馬林科夫到了西部前線。華西列夫斯基此次的重要任務之一，就是把衝出敵人重圍，從西部撤下來的部隊，火速派往莫扎伊斯克防線一帶，並在這一地區組織防禦。

總參謀部還派出了一批軍官和兩個汽車縱隊協助他的工作。砲兵少將戈沃羅夫和一批指揮官也歸華西列夫斯基調遣，他們的任務是接收從前線和後方來到這裡的部隊。

早在總參謀部學院學習時，華西列夫斯基就認識戈沃羅夫，他在小組中年紀最大，受到了大家的尊敬。

1941 年 10 月 5 日，華西列夫斯基他們到達貝熱茲克以東的西方方面軍司令部。

經過與該方面軍首長的共同努力，用了五天的時間，從勒熱夫、瑟喬夫卡和維亞濟馬方向撤下來的部隊中，抽調出五個步兵師的兵力，派往莫扎伊斯克一線。

華西列夫斯基每天都用電話向最高統帥報告工作和前線的情勢。

10月9日晚，當華西列夫斯基在向史達林做例行工作匯報時，史達林決定把朱可夫從列寧格勒方面軍調來，繼續擔任西方方面軍總司令，並準備把大本營預備隊方面軍合併到該方面軍以加強力量。

10月10日上午，華西列夫斯基與國防委員會和大本營的代表一道，返回莫斯科。

當天，大本營就作出了國防委員會關於西方方面軍和預備隊方面軍合併，以及任命朱可夫為合併後的西方方面軍司令，科涅夫為副司令的正式決定。

10月12日，國防委員會召開會議，再次研究有關莫斯科防禦的問題。為了保衛莫斯科，大家都夜以繼日地工作著，忘記了睡眠和休息。參加會議的人都呈現出緊張而又疲倦的面容，討論加強莫斯科鄰近地的問題，國防委員會決定直接在首都地域建立第三道防線。

10月下半月，德軍繼續向莫斯科進犯。由於戰線已經逼近莫斯科市區，國防委員會在這嚴峻的日子裡，通過並實施了將一些政府機關、外交使團、大型國防工廠，以及首都的科學文化機構，撤出莫斯科的決定。

只有國防委員會、最高統帥部大本營，以及對國家和武裝部隊必不可少的黨政軍機關留在首都。

沙波什尼科夫負責另外設在新地點的總參，遷至新地點

的總參必須與大本營之間保持牢固的、可靠的經常性聯繫。留在莫斯科的總參第一梯隊，由華西列夫斯基領導，工作人員不超過十人。

該工作小組的主要職責是：

全面了解和正確估計前方的形勢；經常、準確但不過於繁瑣向大本營提供前方形勢的情報；如果前方形勢發生變化，則要及時而準確擬定自己的建議，向最高統帥部報告；根據大本營作出的戰役策略決定，迅速準確擬定具體方案和訓令。

10 月 16 日，總參謀部撤出莫斯科。

華西列夫斯基打電話給史達林，請求准許他去車站為沙波什尼科夫和總參的其他人員送行。但是回答卻是讓他到大本營去。在大本營，華西列夫斯基一直工作至深夜。這樣，他就未能與沙波什尼科夫告別。在以後的幾天裡，華西列夫斯基幾乎一步也沒有離開過大本營。

在這些極其艱巨的日子裡，政府還表彰了在作戰方面為大本營服務的總參工作人員。

1941 年 10 月 29 日凌晨，史達林在一次電話通話中問華西列夫斯基：「喂！華西列夫斯基，你是否可以起草關於將軍授銜的決定呢？」

華西列夫斯基表示完全同意，於是問授予什麼軍銜、授

予何人時，他根本沒有想到最高統帥會提到他的名字。當他聽到自己的名字時，他請求史達林不要讓他承擔這項任務。

於是，史達林開玩笑地說：「好吧！做你自己的事情去吧！在這件事上，無論怎麼說，沒有你我們也能應付得過去。」

華西列夫斯基感謝政府對他的工作給予如此高的評價。隨後，華西列夫斯基接著詢問道：「是否可以也表彰跟我一樣，在如此艱難時刻下，我的助手功績？」

史達林表示同意華西列夫斯基的提議，並要他直接通知自己的辦公室祕書波斯克列貝舍夫，應當向哪些人、授予何等軍銜。

10 月 28 日，根據蘇聯國防人民委員會的決定，華西列夫斯基領導的作戰部留守小組的 4 個人，分別被授予下列軍銜：華西列夫斯基晉升中將，卡爾波諾索夫、庫拉索夫、謝夫欽科分別晉升為少將。

史達林對下屬的這種關懷，使大家深受感動，因為史達林動輒暴怒，而且失去常常理智。因此，在如此艱難的條件下，他對下屬表示這種關心，尤其令人感到驚訝。

在緊張的日子裡，史達林不止一次對華西列夫斯基這些總參的負責人說：「你們自己和手下的工作人員，每夜必須至少要擠出五六個小時來休息，否則就無法有效工作。」

在莫斯科會戰 10 月階段的日子裡，史達林親自規定華西列夫斯基每天凌晨 4 時至上午 10 時休息。

有時，史達林還親自檢查他的這個指示是否得到了執行。如果違反了他的指示，就會遭到極其嚴厲的、令人難堪的訓斥。因為他堅信不會休息的人就不會有效工作。

有時，華西列夫斯基凌晨近 4 時從史達林那裡回來後，他需要立即向執行人員或各方面軍下達必要的指示，以貫徹大本營作出的決定，這往往要拖到 4 時以後。

因此，華西列夫斯基便不得不要花招，讓上尉副官格里年科專門留在他辦公桌旁，守著克里姆林宮的電話。一旦史達林來電話問的時候，副官就報告說副總參謀長 10 時以前在休息。聽到的回答總是「那好」，由此也就瞞過去了。

1941 年 10 月 11 日，德軍已經到了莫斯科和列寧格勒城下，這對於首都乃至全國都是萬分危險的時刻。

但 11 月 7 日，蘇聯政府仍然在莫斯科紅場舉行了傳統的十月革命節慶祝大會和閱兵儀式，全副武裝的蘇軍在閱兵式過後，直接赴往前線。

在總參謀部裡，華西列夫斯基他們也感受到了隆重的節日氣氛，史達林在慶祝會上的報告，表現了蘇聯領導人對首都命運是放心的。

慶祝會上的報告，是政治局的幾位委員在史達林的領導

下起草的。有一次，政治局開會討論這個問題，華西列夫斯基也參加了。在講話中，史達林發出的共產黨要求拿出全部的力量保衛國家、戰勝敵人的號召，以及紅場閱兵本身，激起了全國人民極大的愛國熱情，加強了人們相信戰爭一定會發生轉折和國家一定會戰勝法西斯的堅定信心。

就在戰事十分緊張時，在 1941 年 11 月底，總參謀長沙波什尼科夫病了。

大本營決定讓華西列夫斯基暫時代理總參謀長一職。因此，12 月 1 日 3 時 30 分發布給加里寧方面軍司令的訓令，是由最高統帥和華西列夫斯基簽署的。

訓令指出，11 月 27 日至 29 日，該方面軍在各方向進行的局部衝擊是無效的，命令該方面軍集中突擊集團的力量，在兩三天內於加里寧市以南，對圖爾基諾沃實施突擊，以便協助庫茲涅佐夫中將的突擊第一集團軍殲滅敵人。方面軍司令科涅夫為此目的，可以使用 5 個戰鬥力最強的師、1 個摩托化旅、大本營預備隊的大部分砲兵、全部火箭炮和坦克。

根據最高統帥的指示，12 月 1 日清晨，華西列夫斯基和科涅夫就這項訓令通話討論，科涅夫藉口缺乏坦克和兵力不足，建議實施一次攻打加里寧的局部戰役，而不去支援西方方面軍。對於這個建議，華西列夫斯基是不同意的，因為這個計劃追求的是局部利益，和總目標相背離。

因此，華西列夫斯基對科涅夫說：

司令您是否了解羅斯托夫附近的形勢？只有目標堅定、行動積極，才能粉碎德軍對莫斯科的進攻，從而不僅拯救莫斯科，而且為重創敵軍奠定的基礎。

如果我們不在最近幾天內完成這項工作，將來就晚了。加里寧方面軍在這方面處於極其有力的戰役情勢，所以方面軍是不能置身事外的。

您必須全力以赴，而你們當面的敵人兵力是薄弱的，請相信我，一定可以把握勝利。

然後，兩人便對大本營提出的作戰方案具體的討論。但是科涅夫仍然要求加強他的方面軍，但是他保證將按照大本營的要求行動，對圖爾基諾沃實施打擊，以「堅決突破敵軍的防禦，到敵人的後方去。」

大本營非常關心這項命令是否能夠得到貫徹。12月4日，身為代理總參謀長的華西列夫斯基，前往加里寧方面軍司令部，他當面向該方面軍司令傳達大本營關於轉入反攻的最後指示。方面軍司令部設在加里寧市東北40公里的庫沙利諾村。在15年前，華西列夫斯基在擔任步兵第一四二團團長時，曾在這個庫沙利諾村檢查過役前軍訓的情況。

大本營規定反攻在12月5日至6日。12月5日，加里寧方面軍在航空兵突擊和炮火準備之後，開始執行反攻計劃。

6日，西南方面軍和西方方面軍開始執行反攻計劃。大規模的交戰展開了，蘇軍節節勝利。主動權轉到了蘇軍的手中。

蘇軍出其不意的打擊，使德國統帥部極為震驚。12月8日，希特勒簽署了第三十九號訓令，規定莫斯科附近的德軍全面轉入防禦。

蘇聯最高統帥部密切注視著形勢的發展，並隨著部隊的推進，向各個方面軍提出進一步的任務。

1941年12月12日，最高統帥在華西列夫斯基他們在場時，透過專線和加里寧方面軍司令通話，史達林說：「我們對你們左翼集群的行動不滿意。你們沒有用全部的力量攻擊敵人給自己造成絕對優勢，而只是投入部分部隊，讓敵人把他們弄得筋疲力盡。我們要求你們放棄零碎敲打的戰術，而是代之以真正的進攻戰術。」

加里寧方面軍司令企圖藉口冰雪解凍、渡窩瓦河困難重重、德軍得到增援等來為自己開脫，但是他最後說：「一切都了解了，堅決執行，全力以赴。」

1942年1月初，蘇軍西方方面軍以及前出到納羅福明斯克 —— 馬洛雅羅斯拉維茲 —— 卡盧加以西的市鎮蘇希尼奇和別廖夫地區，並在那裡完成了反攻。這是偉大的衛國戰爭中第一次具有策略意義的重大進攻戰役。由於這次戰役，德

軍在莫斯科附近的突擊集團被粉碎了，莫斯科附近的反攻發展成了蘇軍在西部方向的總進攻。

莫斯科附近的勝利和冬季攻勢，提高了紅軍指揮人員、政工人員和戰士的士氣。他們親眼看到，在他們英勇頑強的打擊下，侵略者在廣闊的戰線上是如何狼狽不堪的逃竄。希特勒軍隊遭受了戰爭中的第一次嚴重失敗，全世界把這次勝利看成是對法西斯的共同勝利。

國際工人運動著名活動家福斯特評價說：「紅軍在莫斯科附近的反攻，標誌著人民從此對法西斯開始了大反攻的轉折。」

莫斯科人不僅在戰場上打擊敵人，而且在工廠裡辛勤勞動，首都的勞動人民把莫斯科變成了一個巨大的兵工廠，他們不僅在莫斯科大會戰期間，而且在以後的日子向前線源源不斷供應了衝鋒槍、迫擊炮、機關槍、砲彈以及其他種武器。

在華西列夫斯基最為珍貴的紀念品中，有汽車廠工人在 1943 年 9 月 27 日，在總參謀部交給他的一張喜報。喜報中說：

> 榮獲列寧勳章的莫斯科汽車廠全體職工，在 1941 年 10 月的嚴峻日子裡，根據黨的指示，開始生產 1941 年型衝鋒槍。黨交給我廠職工的這一光榮而艱難的任務，向紅軍供應盡可能多的衝鋒槍，我廠已經完成了。

我廠月月超額完成國防委員會交給的任務，至 1943 年
9 月 27 日，已完成生產 100 萬支衝鋒槍的保證。這種
衝鋒槍已經成了紅軍普遍使用的武器。

與喜報一起送來的還有那支有紀念意義的第一百萬支
衝鋒槍。

每當華西列夫斯基回憶起莫斯科城下取得的勝利時，總
是不由得想起列寧說過的一段話：

在任何戰爭中，勝利屬於誰的問題，歸根到底是由那
些在戰場上流血的群眾的情緒決定的。

士兵們相信戰爭的正義性，並且意識到有必要為了自
己弟兄們的幸福而犧牲自己的生命，他們會提高鬥
志，並且肯忍受沉重的負擔。

奔波於最高統帥部與前線

在莫斯科會戰之後，1942 年春，隨著泥濘季節的到來，
漫長的蘇德戰線相對穩定下來。但蘇軍和德軍都在加以休
整，準備更大規模的戰役，以爭奪策略的主動權。

1942 年 4 月中旬，華西列夫斯基作為大本營代表，被最
高統帥部派往西北方面軍。按當時 1942 年春季和夏初蘇軍
作戰計劃的規定，在西北方向上還有所謂的局部戰役，它要
求西北方面軍和加里寧方面軍協同動作，將已經陷入蘇軍合
圍的法西斯傑緬斯克集團就地殲滅。

華西列夫斯基此行的任務，就是協助該方面軍首長做好這次戰役的具體籌劃和指揮。

正當他們準備實施這一聚殲行動時，忽然接到最高統帥部大本營的一道命令，要求華西列夫斯基盡快趕回莫斯科。

原來，是總參謀長沙波什尼科夫心臟病突發不能照常工作，總參謀部的工作又不可無人主持。於是，從 5 月 11 日起，華西列夫斯基便第二次受命代理總參謀長一職。

病癒並恢復健康的沙波什尼科夫向最高統帥部提出，由於自己年齡和健康的原因，最好辭去總參謀長之職，去軍事院校擔任一些身體能夠承受的職務。

而且，他還正式提議總參謀長一職的繼任人選，他認為華西列夫斯基是最合適了。這位被推薦者不僅素質和能力方面無可挑剔，其忠誠、幹練、機敏及沉著多思，都可以說是一流的人才。此外，在資歷上也說得過去，華西列夫斯基是於 1942 年 4 月 26 日始獲上將軍銜的。

史達林當即表示可以考慮他的建議，只是關於華西列夫斯基繼任問題，須得到蘇共中央政治局和國防委員會的批准方可。

6 月 24 日，經研究，蘇共中央政治局和國防委員會決定：任命亞歷山大‧米哈伊洛維奇‧華西列夫斯基上將為蘇聯紅軍總參謀部總參謀長。

在一定的意義上，對華西列夫斯基來說，此番出任蘇軍總參謀長是臨危受命。當然這是從此間蘇軍戰場所面臨的嚴重局勢這個角度來說的。

因為，在他上任還不到一週，蘇軍戰場的各個方向就開始出現一系列重大失利，隨之而來就是整個春季和夏季的形勢逆轉。

第一樁就是克里米亞戰場上形勢日益複雜和日趨惡化。

一波未平，一波又起。接踵而來的就是西南方向鐵木辛哥元帥領導的所謂哈爾科夫附近進攻的慘重失敗。由此還嚴重連累勃良斯克方面軍左翼的安全，以致整個西南戰場的局勢迅速惡化起來。

5月中旬，德軍的突擊力量仍在不斷增加，各種坦克集群和摩托化步兵師越來越多蜂擁至蘇軍側翼，估計很快將嚴重威脅到第九和第五十七集團軍的後方。

更糟糕的是，當時鐵木辛哥不僅未認識到這種危險，依然堅持他的向前進攻方針。

當晚，華西列夫斯基打電話給他的老同事、第五十七集團軍參謀長阿尼索夫，後者向他如實報告了前線的真實危局。由此，華西列夫斯基斷定，德軍已展開的這個進攻很可能就是其大規模春季進攻的前奏。

顯然，敵人是想先清除巴爾文科沃突出部，然後全殲蘇

軍西南和南方兩個方面軍。這種分析如果成立，那麼後果將不堪設想。只有立即停止鐵木辛哥集團向哈爾科夫的進攻，並將原用來突擊的部分兵力調轉頭，以解除對第九和第五十七兩集團軍的威脅。因為在該地區根本沒有任何預備隊部署，也沒有其他可供調用的蘇軍部隊。

打定主意後，華西列夫斯基立即向最高統帥做了匯報，並如實說出自己的這番打算。

不料，史達林卻不願意改變自己的主意。當他與鐵木辛哥通話後，後者也沒有表現出多麼的不安，並且提出，只要再給他增派一個師的預備隊，仍然堅持既定方向進攻便絕無問題。

所以，他放下電話對華西列夫斯基說：「鐵木辛哥元帥正在採取的措施完全能夠擊退敵人對南方方面軍的突進，所以西南方面軍仍將繼續進攻。」

5月18日，形勢繼續惡化，華西列夫斯基非常著急。

他再次找到史達林，建議必須立即停止哈爾科夫方向的進攻，將西南方面軍的突擊集團轉向南面抗擊敵人。

這次史達林走到電臺旁，要求西南方向軍事委員會對現時情況作出判斷，鐵木辛哥元帥再次作出了令人放心的保證。

晚上，史達林又就這個問題與西南方面軍軍事委員赫魯雪夫通話，後者也報告說，儘管克萊斯特集團的威脅增大，

但沒有理由終止正在進行的進攻，如此進攻便仍然繼續。

華西列夫斯基心急如焚，卻一籌莫展：眼看一夜的時間又過去，怎麼才能說服最高統帥呢？

情況一個小時比一個小時嚴重。

至 5 月 19 日下午，敵軍在巴爾文科沃突出部合圍蘇軍的威脅已相當明顯了。只是在這時，鐵木辛哥才下令停止哈爾科夫戰役，調轉突擊部隊對付正在形成合圍之勢的克萊斯特集團。

但為時已晚，由於各部隊在夜間才開始執行命令，極為寶貴的時間再次損失了。及至翌日拂曉及之後幾天中，德軍的強大坦克突擊集群已經重創蘇軍第九集團軍，並將其趕過了頓涅茲河。

隨後，敵人迅猛突入第六和第五十七集團軍及博布金將軍集群的後方，很快就合圍了這些部隊。

到 5 月 23 日，第六、第五十七、第九集團軍的部分部隊、博布金所部完全陷入敵軍重兵合圍之中。

經過一個半月的苦鬥，只有很少部分突圍出去了，絕大多數都無法衝出重圍，在給德軍以大量傷害的同時，蘇軍死傷慘重，餘者全都被俘。

在戰鬥中壯烈犧牲的有方面軍副司令員科斯堅科中將、第五十七集團軍司令員波德拉斯中將、參謀長阿尼索夫少

將、軍事委員波品科大校、第五集團軍司令員戈羅德揚尼斯基中將、軍事委員弗拉索夫大校、集團軍群司令博布金少將等一大批高級軍官和士兵。

據有關史料提供的說法，此一役，蘇軍死傷及被俘者，總計達 25 萬人之眾，損失坦克 600 余輛，還有大量兵器。

總參謀部聽聞這個消息，華西列夫斯基總參謀長不禁為之失聲。

在克里姆林宮，史達林也懊悔莫及。

然而，蘇軍西南戰線的危急並未到此結束，鐵木辛哥元帥調轉回師的突擊集團也遭到德軍的頑強阻擊，在經受巨大損失後，不得不被迫退到奧斯科爾河一帶固守。

6 月 28 日，得勢猖狂的德軍的巨大進攻真正開始，這就是他們的夏季攻勢。

敵軍從庫斯克到羅斯托夫的廣闊戰場上，分兩路猛烈突擊，其中一路就是包路斯指揮的最強大的第六集團軍，其直指方向正是原西南方面軍與勃良斯克方面軍之間的薄弱結合部。

該部德軍依靠其強大的坦克集群，橫衝直撞，直取前方。這裡是數百里一望平川的草原，沒有那些曾把它阻擋於莫斯科城前的大片森林，沒有高山，沒有丘陵，沒有溝壑。坦克集群旋風般向前驅馳，揚起了 20 公里之內都清晰可見的

蔽天塵埃。它們瘋狂駛過無數的城鎮和鄉村，所留下的僅是死神光臨的痕跡。

到 7 月 2 日，勃良斯克方面軍所在的佛羅尼斯地域局勢也日益嚴重惡化。敵軍在兩天內即疾進了 80 公里，而且推進的勢頭仍未見減。蘇軍這一方向上的所有預備隊都使用上了，但仍止不住德軍的強大攻勢。

戰局形勢越來越緊張了。7 月 2 日夜間，蘇坦克第五集團軍所屬的各軍在葉列茲以南集中完畢。如果他們立即堅決對衝向佛羅尼斯的敵軍突擊，局勢就會轉為對蘇軍有利的變化。

但坦克集團軍沒有從方面軍首長那裡接到任何任務，華西列夫斯基受大本營委託，立即趕往葉列茲，使坦克集團軍盡快投入戰鬥。在此之前，華西列夫斯基已經用電話向集團軍司令勃良斯克方面軍首長傳達了立即著手準備反突擊的命令。

7 月 4 日拂曉時分，華西列夫斯基來到方面軍指揮所。在進一步了解了情況和查明可以從方面軍中再抽調一些部隊參加反突擊後，華西列夫斯基和參謀長卡扎科夫少將一起，去坦克第五集團軍司令利久科夫少將的指揮所。

在這裡，華西列夫斯基與集團軍司令和方面軍參謀長一起實地勘察，確定坦克第五集團軍的任務是：用其全部兵力在頓河以西同時突擊，以切斷衝向頓河的敵坦克集團的交通線，並阻止其渡河。

同一天，華西列夫斯基接到最高統帥的指示，要他最遲於 7 月 5 日早晨到達大本營。因為此時，西南方面軍右翼的形勢出現了麻煩，德軍第六集團軍已經推進到卡緬卡，並在南方方向上發展突擊。

7 月 7 日，德國野戰第六集團軍和坦克第四集團軍，從佛羅尼斯以南的地域沿頓河右岸發起進攻，而坦克第一集團軍開始從阿爾季奧莫夫斯克地域向坎傑米羅夫卡方向進攻。

7 月中旬，德軍占領了瓦魯伊基、羅索希、鮑古恰爾、坎傑米羅夫卡和米列羅沃。他們向東通往史達林格勒的道路和向南通往高加索的道路打開了，蘇聯紅軍轉入了策略防禦。

鏖兵史達林格勒

1942 年 7 月 17 日，蘇德雙方在史達林格勒展開了激烈會戰。

7 月 23 日，德軍突破蘇軍第六十二集團軍右翼，合圍了該集團軍的兩個師，前出到史達林格勒西面的頓河河岸。史達林撤銷了鐵木辛哥元帥擔任的史達林格勒方面軍司令員的職務，由第六十四集團軍司令戈爾多夫中將接任，並派總參謀長華西列夫斯基上將，作為最高統帥部代表，前往史達林格勒協助指揮戰事。

華西列夫斯基到達史達林格勒方面軍。此時，方面軍

首長在頓河左岸、卡拉契以北三四公里的卡梅西村的觀察所
裡。華西列夫斯基和方面軍首長一起仔細分析了當前的形
勢，他們努力不放過任何一個細節，認真與指揮人員和政工
人員交談和徵求意見，大家都決心堅守窩瓦河畔的這座城市。

經過與戈爾多夫中將商量，華西列夫斯基認為，現在解
除威脅的唯一的辦法就是，使用坦克第一和第四集團軍的現
有兵力，立即對敵軍實施反突擊，但坦克第四集團軍要做到
這一點，至少需要兩夜的時間，前線形勢根本不允許等這麼
長的時間，因為這樣蘇軍就會喪失渡口，他們就不得不寄希
望於坦克第一集團軍立即突擊。

華西列夫斯基想，對現在來說，時間是最寶貴的，如果
延誤或錯過這段時間，敵軍就可能渡過頓河，並在河的右岸
建立起可以固守的陣地。到那時，再想把敵人趕回去，恐怕
是不可能也是非常困難的了。結果證明，華西列夫斯基的決
斷是正確的。

當 7 月 25 日蘇坦克第一集團軍發起反突擊後，敵軍的陣
地果然被衝亂了。他們萬萬也沒有想到，在這時蘇軍還有預
備隊可以使用，而且又是如此迅速突進到了自己的後方。

於是，敵軍被迫轉入防禦態勢。不久，奉命開到這裡的
蘇坦克第四集團軍也從另一個方向加入了對德軍的突擊，這
更使包路斯大惑不解：

怎麼又出現了新的蘇軍坦克集群？元首和統帥部提供的情報不是說這個方向上敵人再也沒有預備隊可以使用了嗎？無奈之下，德軍只好暫時退出他們要進攻的史達林格勒方向。

華西列夫斯基急中生智安排的這次反突擊行動，雖然未能一舉消滅敵軍，但它卻打破了包路斯集團企圖圍殲第六十二集團軍的計劃。更重要的是，它打亂了敵軍的行動計劃，使其失去了迅速進攻的能力和機會。其一鼓作氣奪取頓河渡口，並突出到史達林格勒附近地區的既定計劃落空了。

這樣，希特勒原以為完全可能的令該集團軍在急速奔進中一舉攻下史達林格勒的最終策略，也隨之化作了永遠不能實現的泡影。

到 8 月上旬，希特勒決定同時從南北兩個方向發起新的一輪攻勢。其計劃為：

由第六集團軍從西北面自上布齊諾夫卡發動進攻；由坦克第四集團軍從南面自阿勃加涅羅沃地區發動進攻。雙方進攻務求向中心靠攏，以便一舉攻占史達林格勒。蘇軍最高統帥部大本營和總參謀部是從一位前線偵察員的報告中獲知敵軍新的大規模進攻端倪的。

據該偵察員提供的情報，原先在巴夫洛夫斯克至韋伸斯卡亞地段擔任防禦任務的敵第六集團軍，已被義大利第八集團軍替換下來，集中到史達林格勒方向去了。

　　經過分析，總參謀部認為，德軍的這種調防肯定不是正常的舉動，這說明第六集團軍另有新的更重要的任務。什麼任務呢？再明顯不過了，它只能是被用來對史達林格勒進行突擊進攻，因為該集團軍是德軍最強大的部隊。

　　8月5日，蘇軍最高統帥部決定將史達林格勒方面軍改組為東南、史達林格勒兩個方面軍，由總參謀長華西列夫斯基統一指揮。東南方面軍由葉廖緬科上將指揮。史達林格勒方面軍仍由戈爾多夫中將指揮。

　　8月19日，德軍第六集團軍和坦克第四集團軍，開始對史達林格勒發起又一次進攻，在城市的近接近地上展開了激烈的戰鬥。其間，德軍強大的快速集群得以從卡拉契方向，在北面突破了防禦，並在8月23日前出到史達林格勒以北的窩瓦河一線。在突破蘇軍防禦的同時，德軍統帥部在8月23日和24日，對城市進行了猛烈的轟炸。

　　此時，華西列夫斯基正在城裡。他親眼目睹了這座城市變成了廢墟。每到夜晚，城區就像一片火海。

　　8月23日，方面軍指揮所得到不好的消息：法西斯分子在城南已經楔入蘇軍防禦，並前出到京古塔車站。於是，華西列夫斯基與方面軍首長一起制定了措施。

　　他們認為，在敵人還未來得及在那裡站穩腳跟的時候，就能消除北面所出現的走廊對城市的威脅。

　　為了加強城市北面和西北面的防禦，指揮部向那裡緊急派去了工人狙擊營、軍政學校學員營以及匆忙組成的民兵支隊、史達林格勒方面軍的獨立特種部隊和後勤部隊。由於這些措施的執行，在頓河和窩瓦河之間的地帶就很快地建立起防禦。

　　由於德軍激烈的空中轟炸，在 8 月 23 日，華西列夫斯基與總參謀部、最高統帥部的電報電話聯繫一度中斷。敵人突向窩瓦河的情況，華西列夫斯基是透過無線電報告給最高統帥的。

　　在報告中，華西列夫斯基談到了史達林格勒周圍的形勢非常嚴重，以及他們為保衛城市和消滅突向窩瓦河的德軍所採取的措施。

　　8 月 24 日清晨，由於通信兵的努力，最終恢復了史達林格勒和莫斯科的有線聯繫。華西列夫斯基、馬林科夫和方面軍司令接到了大本營的指示。指示說：

> 你們擁有足夠的兵力來殲滅突破的敵人，請把兩個方面軍的航空兵合在一起猛烈攻擊突破的敵人。動員裝甲列車，沿著史達林格勒的環城鐵路巡邏，施放濃煙來嚇唬敵人，不僅要在白天和敵人作戰，還要展開夜戰，要充分利用砲兵和火箭炮部隊。
>
> 最主要的是不要驚慌失措，不要害怕無恥的敵人，我們要有必勝的信心。

史達林格勒的形勢變得越來越緊張了，無止的空中轟炸造成了巨大的破壞，全城處於一片火海之中。自來水、電報局、供電、電車和鐵路樞紐全部遭到破壞。儘管如此，人們沒有失魂落魄，大部分居民拒絕疏散，而是去參加保衛城市的戰鬥，去工廠做工或構築街壘。

在檢查史達林格勒北郊的防禦情況時，華西列夫斯基到過曳引機廠。德軍離工廠只有一公里半至兩公里遠，德軍對工廠進行了猛烈的炮火襲擊和不間斷的空中轟炸。

在這種情況下，工人們就把最珍貴的設備撤到了窩瓦河對岸，同時工廠仍在繼續生產坦克和修理被打壞的坦克。許多工人裝配完坦克後，就開著這些坦克防禦去了。

「紅十月」工廠、「街壘」工廠和其他企業的工人、工程技術人員和職員們也是這樣一邊辛苦的勞動，一邊英勇的戰鬥。

8月25日傍晚，華西列夫斯基接到史達林的指示，讓他立即趕到史達林格勒以北的軍隊集中地域，並擔負起領導調參加即將進行的反突擊準備工作。

8月26日清晨，華西列夫斯基來到第二十四集團軍和已經到達的第六十六集團軍，以及用以補充近衛第一集團軍的幾個師所在的地域。隨後，華西列夫斯基他們和第二十四集團軍司令科茲洛夫進行了幾天的實地勘察。

不久，剛被任命為最高副統帥的朱可夫元帥也趕到這

裡。朱可夫負責對調來消滅突向窩瓦河的敵軍，並恢復史達
林格勒地域的蘇軍被破壞了的防線的所有軍隊，實行直接
領導。

9月1日，華西列夫斯基奉大本營命令離開前線。他下
飛機後，便立即到克里姆林宮史達林辦公室，向最高統帥作
戰場局勢匯報。

在史達林格勒會戰期間，國防委員會、大本營以及最高
統帥本人，每小時都會收到有關史達林格勒戰事的報告，不
斷採取種種措施來鞏固防禦，還要求各方面軍和集團軍首長
盡力加強史達林格勒的防禦。

面對重重的困難，蘇軍堅持下來了，他們不僅在市區內
的陣地上一直堅持到史達林格勒城下的反攻，而且還在這裡
繼續牢牢牽制德軍的龐大兵力。

1942 年 10 月 9 日，蘇聯國防部發布了關於在武裝力量
中取消軍事委員制和建立一長制的命令。

關於是否應該採取一長制，史達林曾不止一次向華西列
夫斯基提出這個問題。

華西列夫斯基總是這樣回答他：「我是個年輕的共產黨
員，對於軍事委員們在我整個服役期間給予我的幫助，我只
有表示衷心的感謝。實行完全的一長制對指揮幹部和政工人
員的成長會有影響，它有助於加強黨政工作和鞏固軍隊的秩
序與組織性。」

制訂和實施「烏蘭」進攻計畫

1942 年 10 月中旬，德軍統帥部被迫發出了關於轉入防禦的第一號命令。

此時，蘇聯最高統帥部大本營知道，由於窩瓦河堡壘的指戰員們以堅韌不拔的意志和頑強的鬥爭精神，使德國第六集團軍和坦克第四集團軍，已經侷限在市區內一段狹小的戰線上，它的兩翼由羅馬尼亞軍隊掩護著。

此外，由於敵人一心想占領史達林格勒，而不斷遭受巨大的損失，特別是它在這裡沒有強大的預備隊，這就更加限制了它的防禦能力。

因此，蘇軍最高統帥部就下了這樣的決心：組織和實施反攻。這次反攻不僅要從根本上改變這個地域的形勢，而且還要消滅仍在積極作戰的敵人南翼部隊。

這個決心，是史達林、朱可夫和華西列夫斯基在交換意見之後下定的。國防委員會和最高統帥部大本營決定把準備和實施這次反攻，看作是 1942 年年底前全國最主要的行動。

為了這次反攻能夠順利進行，計劃投入大本營所掌握的主要兵力和兵器。同時，史達林還給戰役的初期準備工作規定了非常嚴格的保密制度。

史達林對朱可夫和華西列夫斯基說：

你們不得將戰役的內容透露給任何人，甚至包括國防
委員會委員在內。如果有人需要知道有關戰役的準備
工作，將由我本人親自傳達。你們兩人可以告知各方
面軍司令的，僅僅是和他們有關的那部分任務內容，
除此之外，不能透露任何東西。

如此嚴格的要求，華西列夫斯基認為，在當時的條件是
非常必要的。

到 1942 年 9 月底，該計劃的制訂已基本完成，其基本
要點得到了最高統帥部大本營和國防委員會的批准。史達林
親自給這次戰役取名為「烏蘭」進攻計劃。為了保密起見，
建立西南方面軍一事，一直到 10 月底才有了書面決定。

「烏蘭」計劃規定：

西南方面軍由瓦圖京中將指揮，其任務是從頓河西岸
的謝拉莫菲維奇和克利茲卡亞地域橋頭陣地進行主
攻，突破羅馬利亞第三集團軍防禦，直插頓河東岸的
卡拉奇；
史達林格勒方面軍由葉廖緬科上將指揮，其任務是從
史達林格勒南面向西北突擊，突破羅馬利亞第四集團
軍防禦，與西南方面軍在卡拉奇會師，完成對德第六
集團軍的合圍；
頓河方面軍由羅科索夫斯基中將指揮，其任務是從史
達林格勒西北面向東南實行輔助性突擊，掩護西南方
面軍的主攻。

反攻日期定為：西南方面軍和頓河方面軍為 11 月 19
日，史達林格勒方面軍為 11 月 20 日。

在 10 月初，大本營還吸收了各方面軍司令和參謀長參加
這方面的工作，要求他們就共同實施「烏蘭」進攻戰役如何
使用每一個方面軍的兵力問題，提出各自的意見。

最高統帥部大本營決定，關於這次進攻的準備工作，朱
可夫去西南方面軍和頓河方面軍，華西列夫斯基去史達林格
勒方面軍。

幾天後，華西列夫斯基再次來到了史達林格勒方面軍，
和他一起前去的，有紅軍砲兵司令沃羅諾夫砲兵上將和總參
謀部的伊凡諾夫少將。隨後，紅軍空軍司令諾維科夫空軍中
將和紅軍裝甲坦克總部部長費多連科中將，也來到了史達林
格勒前線。

華西列夫斯基認為，史達林格勒反攻的顯著特點，就是
它的準備工作的隱蔽性。總參謀部發布了專門訓令制定措
施，以防洩漏關於反攻規模、實施時間、主要突擊方向、行動
方式等消息。

比如，來往函件和電報通話禁止談及有關反攻的事情，
命令都用口頭傳達，而且只傳達給直接執行者。最高統帥部
大本營預備隊的集中和方面軍內部變更部署，只準在夜間
進行。

如此一來，就徹底打亂了德國統帥部的計劃。

目的明確的黨政工作，在軍隊準備實行對國家至關重要的戰役中，影響非常巨大。

華西列夫斯基後來回憶說：

> 當時召開了共產黨員和共青團員的各種會議，在會上，人們發出了激動人心的誓言：不惜一切力量，必要時將犧牲生命去消滅敵人。

華西列夫斯基還記得，在那些簡陋的、用彈殼製成的燈來照明的避彈所裡，老戰士給初上戰場的年輕戰士講述這個團、師的戰鬥傳統和自己的經驗，而那些前線出版的戰鬥快報，都貫穿著一個熱情洋溢的號召：勝利。

華西列夫斯基還記得，當時要求加入布爾什維克黨的申請書向雪片一樣飛來，僅在史達林格勒方面軍，1942年的秋季間，入黨的就有1.4萬人。

不久，大本營再次就「烏蘭」進攻戰役計劃的一系列的問題做認真討論後，最後確定了戰役的計劃和日期。

接著，朱可夫又接受了在加里寧方面軍和勃良斯克方面軍準備誘攻性戰役的任務。華西列夫斯基則被大本營派去協調史達林格勒方向三個方面軍在實施反攻時的活動。

根據大本營的指示，華西列夫斯基回到了史達林格勒方面軍，他奉命最後完成該方面軍進攻的準備工作，方面軍司令則完全轉去領導城市的保衛戰。

在戰役開始的頭幾天，西南方面軍發揮主導的作，。西南方面軍的司令部在綏拉菲莫維奇市。總參謀部在這裡為華西列夫斯基準備了一個指揮那些被指定參加這次進攻戰役的西南方面軍、頓河方面軍和史達林格勒方面軍的指揮所。

華西列夫斯基本來打算 11 月 17 日，轉移到這個前線指揮所去。可史達林打電話要他在 11 月 18 日去莫斯科討論有關即將實施這次戰役的問題。但是他沒有告訴華西列夫斯基任何具體的內容。

第二天，華西列夫斯基來到克里姆林宮，史達林和全體國防委員正在他的辦公室舉行會議。

史達林立即接待了華西列夫斯基，並提議讓他利用他們討論一系列重大經濟問題的這段時間，去讀一下在未來戰役中，將在史達林格勒方面軍有決定性作用的機械化第四軍軍長沃裡斯基寫給他的一封信。

這位軍長給國防委員會的信中，這樣寫道：

鑑於進攻開始前敵我兵力和兵器的對比情況，擬議中的史達林格勒戰役的進攻戰役不僅不會成功，而且必定要遭受帶來一切嚴重後果的慘敗。

因此，我作為一名忠實的黨員，並代表參加這次進攻的其他負責幹部，請求國防委員會立即詳細檢查這次戰役所作出的決定是否合理，請求推遲這次戰役，或者完全取消這次戰役。

　　看完這封信後，華西列夫斯基感到很驚訝。因為最近幾週以來，這位軍長一直在積極參加這次戰役的準備工作，無論對整個戰役還是對他負責的的任務，他一次都沒有表示過任何的異議。而且在 11 月 10 日的最後一次總結會議上，這位軍長向大本營代表和方面軍軍事委員會保證，他將堅決完成任務，還報告了這個兵團充分的戰鬥力，以及全體官兵的高昂士氣。

　　最後，華西列夫斯基對史達林說，無論取消已準備就緒的這次戰役，還是變更發動這次戰役的時間，他認為都是沒有任何根據的。

　　於是史達林立即命令，接通與沃利斯基軍長的電話，並與他進行了簡短的談話。史達林對華西列夫斯基說，不要重視這封信，把寫信人繼續留在軍裡，因為他剛剛還表示過堅決完成交給這個軍的任務。關於他是否仍然擔任軍長的問題，要按這個軍的行動結果再作最後的決定，對該軍在戰役頭幾天的行動，他命令華西列夫斯基要向他提出專門的報告。

　　隨後，史達林要求華西列夫斯基立即到前線去。11 月 19 日早上，華西列夫斯基就回到了綏拉菲莫維奇。

　　按照計劃的規定，西南方面軍和頓河方面軍右翼的進攻，是在當天早晨開始的。

由於濃霧和下雪，在準備突擊和發起衝擊時，根本無法使用強擊航空兵，這就大大降低了砲兵火力的效果。雖然如此，但是各方向的突擊集群仍然進展較快，西南方面軍的主攻突擊很快就粉碎了羅馬尼亞軍隊的防線，一天就向前推進了20公里。

而奇斯佳科夫的第二十一集團軍的戰果基本相當，克拉欽科的坦克第四軍戰果最為輝煌，向前挺進了30公里至35公里。

11月20日，史達林格勒方面軍遇到了複雜的氣象，但是仍按計劃開始反攻，並取得了輝煌的戰果。

華西列夫斯基向最高統帥報告了戰役的順利進展，也報告了沃里斯基指揮的機械化第四軍的卓越行動。這個軍在戰役的第一天就表現出非凡的英雄氣概和大無畏的精神，擊潰了敵人的抵抗，向前推進了20公里。

11月23日，西南方面軍和史達林格勒方面軍，在頓河方面軍右翼的積極支援下，巧妙實施了對卡拉契方向的向心突擊，從而完成了對史達林格勒地域德軍的主要集團軍的合圍。這是自蘇德戰爭爆發以來，德國軍隊遭到的第一次大合圍。

11月23日傍晚，華西列夫斯基在西南方面軍和該方面軍的首長透過電話，和史達林格勒方面軍和頓河方面軍司令討論了戰役形勢，並擬訂了下一步的行動計劃。

之後華西列夫斯基向最高統帥報告了他們的想法和建議。其內容如下：

> 希特勒匪徒無疑會立即採取種種措施，企圖在最大的外來援助下救出被合圍在史達林格勒的部隊。因此，對我們來說最重要的任務就是盡速消滅被合圍的敵軍集團，使投入這次戰役的我們的部隊能脫身。

在解決這一主要任務之前，必須使被合圍的敵軍集團完全孤立，不讓敵其他軍隊向它靠近。為此目的，必須迅速建立牢固的對外正面，並且要有足夠的快速預備隊。

處於合圍對內正面的所有三個方面軍的部隊應從 11 月 24 日清晨起，繼續採取決定性的行動來消滅被合圍的敵人。

不久，最高統帥就表示同意了華西列夫斯基他們的結論和行動。

11 月 24 日凌晨，華西列夫斯基向西南方面軍、頓河方面軍和史達林格勒方面軍司令發出訓令，說明了他們在最近消滅被合圍敵軍戰鬥中各自所擔負的任務。

從 11 月 24 口清晨起，各部隊開始執行任務，但進攻沒有取得預期的效果，因為他們對德軍的實力和具體情況過低的估計，且缺乏詳細精確的了解。

隨後，華西列夫斯基與西南方面軍司令瓦圖京，一直在研究未來頓河中游戰役的意圖。

11 月 24 日，華西列夫斯基和紅軍砲兵司令沃羅諾夫、空軍司令諾維科夫，一清早就和佛羅尼斯方面軍首長，在該方面軍設在布圖爾林諾夫卡地域的司令部會面。

華西列夫斯基他們在預定的時間，來到了距綏拉菲莫維奇附近的庫梅爾仁斯卡婭地域的一個飛機場。此時，濃霧瀰漫，他們預定乘坐的運輸機不能準時到來。

可華西列夫斯基已經答應最高統帥 11 月 24 日，他將在佛羅尼斯方面軍工作，進行有關未來戰役的實地勘察和計劃工作只有三四天的時間。華西列夫斯基不得不堅持派前線烏 -2 式飛機把他們送走。

在焦急的等待之後，終於來了幾架由有經驗的飛行員駕駛的飛機，此時霧氣仍然很大。飛機很快就失去了目視聯絡，而且飛機開始結冰。華西列夫斯基乘坐的飛機只得在波德戈爾納亞河卡拉契東南 30 公里的一塊土地上著陸。

華西列夫斯基他們在一片荒無人煙的野地裡走了一段路，才來到了最近的一個集體農莊，然後又坐上雪橇來到了通向卡拉契的公路旁。最後，他們搭乘遇到的第一輛軍用貨車，到了電話站。

在卡拉契，迎接華西列夫斯基一行的市委書記瓦西連科對他說，莫斯科打了來電話，說對所發生的情況感到十分不安。

然而，華西列夫斯基此時最擔心的是他的特派員魯奇金乘坐的那架飛機，因為他身邊帶著大本營給佛羅尼斯方面軍

首長的祕密文件。在與方面軍司令戈利科夫通電話後，華西列夫斯基得知，他們乘坐的七架飛機中只有一架，恰好是魯奇金乘坐的那一架飛機，已經平安抵達布圖爾林諾夫卡。諾維科夫和沃羅諾夫乘坐的飛機被迫在卡拉契附近著陸。

華西列夫斯基和戈利科夫約定，明天早晨一起研究工作計劃。隨後，華西列夫斯基用電話，把情況向最高統帥做了匯報。在通話前，他還以為史達林會提出意見，但是出乎意料的是，史達林沒有提出什麼意見。

此次冒險飛行在過去多年之後，華西列夫斯基依然記得曾使執行這次任務的飛行人員和幹部擔心害怕的飛行經歷。

在回憶錄中，華西列夫斯基說：

> 由於我的考慮不周的命令表示歉意，並且向他們表示衷心的感謝。儘管條件非常惡劣，這些掌握了非凡飛行技能的軍官們，盡了最大的努力，使這次飛行不致以悲劇而告終。
>
> 但是，無論在飛行時，還是在戰後，這些飛行員中任何一個人，包括護送華西列夫斯基的飛行員科維亞金上尉在內，他們都不知道當時飛機裡乘坐的竟是最高統帥部大本營的代表。
>
> 然而戰爭就是這樣，充滿了殘酷和不可預知。很多時候，身為軍人，為了國家的利益，隨時都要抱著奉獻和犧牲的勇氣與精神。

1942 年 12 月 19 日，德軍竭盡全力，以期突破蘇軍在梅什科瓦河的防禦。德軍前出到了河的北岸，甚至奪占了那裡的居民地。但是，他們擴大屯兵場的計劃沒能得逞。

12 月 20 日，蘇聯近衛軍第二集團軍主力在梅什科瓦河北岸集中完畢並展開。兩天內，草原上的每一寸土地上，一分鐘也沒有停止過戰鬥。瓦西里耶夫卡等居民地曾多次易手，但是，敵人的進攻還是一次次被英勇的蘇聯紅軍擊退了，而且傷亡慘重。

蘇軍步兵第九十八師在格羅莫斯拉夫卡的交戰中，近衛步兵第三師在瓦西里耶夫卡的交戰中，雖然傷亡過半，但是指戰員們仍然奮勇堅守著。

正是這些在布滿峽谷的葉爾根丘陵地帶的戰鬥，決定了史達林格勒的命運。

12 月 29 日，華西列夫斯基得到坦克第七軍，已經把科捷利尼科沃的德軍完全肅清的報告後，他立即前往上庫爾莫亞爾斯卡亞，以幫助那裡的部隊完成托爾莫辛方向的任務。

此時，克列伊澤爾和近衛機械化第二軍軍長斯維里多夫，已經在上庫爾莫亞爾斯卡亞了。他們正在指揮該軍渡過頓河，近衛軍第三十三師在奪占河西岸的登陸場後，正在為渡河提供保障。兩天後，這些兵團在突擊第五集團軍的協同下，從東北方向進攻，攻占了托爾莫辛及其毗鄰的地域。

1943 年的除夕之夜，史達林委託華西列夫斯基向坦克第七軍轉達最高統帥的嘉獎。華西列夫斯基欣然完成了這一委託，並向該軍首長祝賀了新年。

這是一個美妙的夜晚，滿天的星星，皎潔的月光灑在冰封的草原上，在科捷利尼科沃黝黑的房間裡，不時閃著自捲紙煙和打火機的點點火光。遠處還不時傳來衝鋒槍的稀疏槍聲。華西列夫斯基深深吸了一口冬天裡的空氣，勝利使人的心情變得歡暢。

1943 年 1 月初，天氣更為惡劣了，溫度已降到零下 45 攝氏度。德第六集團軍的空運補給也越來越少。德第六集團軍瀕於彈盡糧絕的境地。

1 月 8 日，蘇頓河方面軍司令員羅科索夫斯基中將，向德第六集團軍司令包路斯上將發出最後通牒，促其盡快投降。包路斯報告希特勒，要求準許他相機行事，但是希特勒決然地駁回了他的請求。

於是，在 1 月 10 日，羅科索夫斯基的頓河方面軍向被圍的德第六集團軍，發起代號為「指環」的進攻。自這時起，德軍包路斯元帥在自己的日記中這樣寫道：

情緒低沉，解圍的希望渺茫。

這表現為態度冷漠，漸感沮喪。

士兵們越來越疲憊不堪、精力殆盡，他們都把史達林格

勒的地下室當成了自己的避難所。說抵抗是毫無意義的議論也時有所聞。

1943 年 2 月 2 日，響起了窩瓦河會戰最後的炮擊聲，最終的勝利屬於蘇聯人民。在這次會戰中，湧現出許多忠於國家的英雄們。

然而，作為大本營代表和總參謀部部長的華西列夫斯基，為史達林格勒會戰的勝利，忠於職守，履行了自己對國家和人民應盡的責任，無私地貢獻出自己的智慧、勇敢和力量。

組織協調庫爾斯克會戰

1943 年 1 月，蘇聯紅軍在史達林格勒戰役中取得了決定性勝利後，他們乘勝進攻，收復了大量失地。

對此，華西列夫斯基認為：

> 我們的勝利，是由於作戰地區的人民全力支援的緣故。蘇聯人民供給我們糧食和禦寒物資，對我們關懷備至，可以說任何東西都在所不惜。構築防禦地區和道路，護理傷員，捐獻國防基金。
>
> 城市和鄉村剛一解放，我們的戰士就幫助他們修復被破壞的經濟，慷慨地把戰利品分給集體農莊、國營農場、曳引機站和工廠，修復學校、文化設施和醫院。

1943 年 2 月 16 日，華西列夫斯基正在頓河中游組織佛羅尼斯與勃良斯克兩個方面軍打哈爾科夫戰役。這時，蘇聯

最高蘇維埃主席團發布授予他蘇聯元帥軍銜的命令，這完全出乎他的意料。因為他獲得大將的軍銜才不過一個來月，僅就這一點來說，這個命令也使他感到突然。

此時，華西列夫斯基認為，國防委員會、最高蘇維埃主席團和最高統帥部對他的工作做這種評價，未免太高了。

2月17日，華西列夫斯基來到哈爾科夫，會見了方面軍副司令科茲洛夫。而後他又到了坦克第三集團軍。

第二天，史達林用電話指示華西列夫斯基趕緊飛往莫斯科，暫時把安東諾夫留在庫爾斯克擔任大本營代表，給他的任務是幫助以最快的速度恢復新收復的佛羅尼斯、庫爾斯克和哈爾科夫各州的鐵路，並賦予他直接向大本營報告的權利。

2月19日，華西列夫斯基回到了莫斯科。史達林向華西列夫斯基宣布了大本營的決定，即在粉碎德軍的中央集團軍群主力的戰役中，要他負責協調西方方面軍左翼以及勃良斯克、中央、佛羅尼斯三個方面軍的作戰行動。2月22日，這一決定下達到這三個方面軍。

2月21日，黨中央發布了慶祝紅軍建軍25週年的號召。2月23日，在建軍節的當天，蘇聯最高統帥的一項命令，對蘇聯人民英勇的戰鬥做了表率。

2月23日，華西列夫斯基正在勃良斯克方面軍中，給大本營打電話，向史達林祝賀紅軍建軍25週年，史達林也向他祝賀。接著，華西列夫斯基報告了前線的情況。

最後，史達林問他：「你知道美國總統羅斯福給我們發來的賀電嗎？」

華西列夫斯基說：「不知道。」

於是史達林答應把這封電文告訴他。

不久，安東諾夫打電話給華西列夫斯基，向他讀了這封電報。電文中說道：

> 值此紅軍建軍 25 週年之際，我謹代表美國人民向紅軍
> 表示我們對其史無前例的輝煌勝利深感敬佩。

在許多個月當中，儘管喪失了大批的物資器材、交通工具和領土，紅軍卻並未給予強大的敵人取勝的可能。它在列寧格勒附近、莫斯科附近、佛羅尼斯附近、高加索，最後，在不朽的史達林格勒會戰中阻止住了敵人。

紅軍不僅使敵人遭到失敗，而且轉入了大進攻。這一進攻正在從波羅的海到黑海的整個戰場上，和先前一樣順利發展。

1943 年初的戰事，讓華西列夫斯基非常難忘，因為蘇軍長時間準備的庫爾斯克會戰，在很大程度上決定了第二次世界大戰後段的進程。

1943 年 3 月初，最高統帥命令華西列夫斯基返回佛羅尼斯方面軍。當時，該方面軍首長和司令部都在別爾哥羅德。華西列夫斯基在視察坦克第三集團軍的部隊和司令部後，他

確信局勢已經很嚴重了。隨後他把情況詳細報告給最高統帥，史達林下令雷巴爾科的軍隊集群由西南方面軍撥給佛羅尼斯方面軍。

當時，德軍在潰敗的同時，南方集團軍群司令曼施坦因元帥也開始計劃向蘇軍反撲。他主動放棄了一些重要據點，誘使蘇軍深入，蘇軍在不斷進攻中，戰線越拉越長，而德軍卻趁機完成了兵力的集結。

2月19日，曼施坦因指揮剛組建的南方集團軍群向頓涅茲河和聶伯河之間的蘇聯西南方面軍發起反擊，至3月2日，西南方面軍遭到了重創，其第五集團軍遭到了毀滅。

3月6日，德軍開始向哈爾科夫進攻，在3月7日的激烈的血戰之後，德軍擊破了佛羅尼斯方面軍左翼部隊的抵抗，並迫使他們向哈爾科夫退卻。

由斯沃博達指揮的捷克斯洛伐克營，也在這裡接受戰鬥的洗禮。方面軍軍事委員會和大本營代表華西列夫斯基，以蘇聯人民、統帥部和華西列夫斯基個人的名義，向作為英勇無畏的戰友捷克斯洛伐克戰士表示衷心的感謝，並祝他們在戰鬥中取得更大的戰果。

3月15日，由於德軍不斷投入新的兵力和兵器，佛羅尼斯方面軍又沒有得到有力的援軍支持，因而不得不放棄了哈爾科夫，後撤至庫爾斯克南面的奧博揚地區，為防止戰線的徹底崩潰，蘇最高統帥部把第一坦克集團軍從列寧格勒南

調，此外第二十一和第六十四集團軍也被從史達林格勒調至
這些方向，此後，戰線趨於穩定。

在別爾哥羅德附近，德軍主要突擊對象是已被大大削弱
的第六十九集團軍。

德黨衛軍的坦克軍從南面向它進攻，一支陸軍部隊從西
面向它進攻。同時，敵軍還不斷地轟炸別爾哥羅德。

3月18日，敵人從南面突入並占領別爾哥羅德。華西列
夫斯基和佛羅尼斯方面軍首長於清晨離開了別爾哥羅德，轉
赴至庫爾斯克南面的奧博揚地域。

隨後，最高副統帥朱可夫也被派到了這裡。他的任務是
和華西列夫斯基和各方面軍司令，詳細研究下一步行動的計
劃，然後提交大本營。

3月19日，華西列夫斯基和康斯坦丁諾維奇向最高統帥
報告，軍隊的全部注意力均集中在遏止德軍從別爾哥羅德向
北和東北方向推進。

為這一目的，朱可夫與華西列夫斯基及各方面軍首長
經過研究部署，最終在沿北頓涅茲河，而後經戈斯季謝沃、
貝科夫卡、德米特里耶夫卡、紅亞魯加和克拉斯諾波利耶一
線，組織了鞏固的防禦正面。

至此，蘇軍在中部庫爾斯克地域附近暫時轉入策略防
禦，主要是掩護奧博揚和科羅恰方向。

3月22日，華西列夫斯基獲准回到莫斯科。

根據華西列夫斯基的請求，安東諾夫也隨之獲準來到莫斯科。

不久，華西列夫斯基便獲得機會，把安東諾夫介紹給最高統帥。從此，他們幾乎每天都要同去大本營。

曼施坦因的這次反擊造成的一個後果就是以庫爾斯克為中心的突出部的形成。

在其北部，德國中央集團軍群控制了奧廖爾一帶。在其南面，曼施坦因的南方集團軍群控制了別爾哥羅德地區。在突出部內的是蘇聯中央方面軍和佛羅尼斯方面軍。

蘇德雙方在此形成僵持，一場規模宏大的戰役即將展開。

哈爾科夫戰役的勝利使德軍又充滿了信心，曼施坦因希望透過一次主動進攻來殲滅蘇軍。

突出部的庫爾斯克地區很自然的成為他的首選目標。因為這個突出部猶如一個拳頭從蘇軍的戰線中延伸出來，其正面長約400公里，而底部卻不到120公里，曼施坦因計劃透過一次南北兩翼協調的鉗形攻擊，合圍並殲滅整個突出部內的蘇軍重兵集團。並且這次戰役的成功將縮短德軍的戰線，使德軍部隊的機動性大大增加。

曼施坦因的計劃得到了德國中央集團軍群司令克魯格元

帥和陸軍總部參謀長蔡茲勒上將的支持，但也遭到第九集團軍司令莫德爾上將和裝甲兵總監古德里安上將的反對。

他們反對的理由是，1943 年春，德國在東線坦克損失巨大。而且作為主力的 3 號、4 號坦克已被證明不是蘇聯 T34 坦克的對手，而新一代 5 號豹式坦克和 6 號虎式坦克，月產量分別只有 50 輛和 25 輛，數量上與蘇軍相比明顯處於劣勢。古德里安認為對庫爾斯克的進攻將使坦克遭受很大損失，他的改編裝甲兵的計劃也將破產。

希特勒對此也猶豫不決，他曾對古德里安說「自從開始考慮這次進攻，我一直心情不好」。

但最終希特勒還是決定採納曼施坦因的計劃，1943 年 4 月 15 日，希特勒發布了第六號訓令。

他在訓令中說：「這次進攻具有決定性意義，它應迅速完成並取得決定性的勝利。這次進攻應使我們得以掌握今年春夏兩季的主動權。每個指揮官和士兵都必須深刻理解這次進攻的決定性意義，庫爾斯克地區的勝利應當成為照耀全世界的火炬。」

他決定德軍以中央集團軍群和南方集團軍群聯合發動鉗形攻勢以摧毀在庫爾斯克突出部的蘇聯軍隊，作戰代號為「堡壘」。

對於德軍統帥部來說，主要問題在於補充兵員和武器的損失，並建立相應的進攻集團。

　　為了補充軍隊和組建新的兵團，德國不得不從 1943 年 1 月 13 日起實行總體動員，徵召大量軍工企業和交通運輸部門的工人，以及老年男子和 16 歲至 18 歲的青年入伍。

　　新入伍的人員在後備軍和正在整編或組建的師裡經 4 周至 6 個月的訓練即被送往作戰部隊，有的甚至僅進行 6 至 8 周訓練即被派往前線。根據總動員令應徵入伍的士兵，無論身體條件或戰鬥素質都大不如以前。

　　但動員畢竟使蘇德戰場上受到嚴重削弱的德軍部隊得到了補充。實行總體動員的結果，徵召了 200 余萬人，這使德軍在 1943 年上半年得以新組建一批師，並對 1942 年底至 1943 年初遭受損失的兵團進行補充。

　　1943 年，德國的工業大力發展，軍火產量比往年得到增長。

　　1943 年，德國火炮、坦克和迫擊炮產量比 1942 年增加一倍多，作戰飛機產量增加 70％。但由於德軍作戰損失很大，超過其軍工生產和人員的補充能力，德軍統帥部仍被迫縮減了步兵師的編制規模。

　　此時，蘇軍雖然暫時轉入防禦，但仍然保持著主動權，蘇德戰場出現平靜的春季，僅在庫班進行著爭奪制空權的激戰。

　　而在中部，在庫爾斯克周圍，則形成了一個向敵軍突出的獨特的弧形地帶，懸在其北面的是處於敵人手中的奧廖爾突出部。

在南面，戰線大致沿著別爾哥羅德緯線。在它的西端則稍稍伸至謝夫斯克、雷爾斯克和蘇密城之東。

在這個巨大的弧形地帶的內部及其附近，蘇軍的中央方面軍和佛羅尼斯方面軍的十個諸兵種合成集團軍、兩個坦克集團軍和兩個空軍集團軍，這些軍隊都在緊張等待著將要發生的戰鬥。

看來，蘇軍已經做好了準備進攻的準備。

但是，不久就對大本營所擬定的在西南方向實施主要突擊的夏季攻勢計劃作了極其重要的修正。

蘇聯的情報部門及時地偵察到德軍準備在庫爾斯克弧形地帶發動大規模的進攻，甚至還查明了進攻的日期。

此時，蘇軍統帥部必須作出抉擇：是進攻還是防禦？

這個問題從３月末至４月初，在國防委員會和大本營討論多次了。

華西列夫斯基透過電話，與在庫爾斯克弧形地帶佛羅尼斯方面軍中最高副統帥朱可夫，認真討論了這個問題。

４月８日，朱可夫給最高統帥送去了一份判斷情況的詳細報告，其中講了他對庫爾斯克弧形地帶行動計劃的設想。朱可夫說：

> 我認為，我軍為了先敵行動隨即轉入進攻是不妥當的，最好等到在防禦中消耗了敵人，並打掉了敵人的

坦克後，再投入新銳預備隊，轉入全面進攻，以徹底
粉碎敵人的主要集團。

史達林接到這個報告時，華西列夫斯基正好在他那裡，
史達林已經知道總參謀部支持朱可夫的觀點。

史達林在讀了朱可夫的報告之後說：「應該和各方面軍司
令商量一下。」

隨後下令徵求各方面軍的意見。

史達林委託總參謀部召開一次特別會議，討論 1943 年夏
季戰局計劃。他親自打電話給瓦圖京和羅科索夫斯基，要求
他們在 4 月 12 日以前，就前線情況和各方面軍當前的行動
計劃提出看法。

司令們在報告中稱，關於敵人的兵力及其意圖，他們的
意見和朱可夫和總參謀部的意見一致。

4 月 12 日晚，在大本營召開了會議。

出席者有史達林、來自佛羅尼斯方面軍的朱可夫、華西
列夫斯基和副總參謀長安東諾夫。

此次會議定下了關於採取按計劃組織的防禦的決心。

但是，史達林對蘇軍能否經受得住法西斯坦克的突擊感
到不安，對於這一點他並不予以掩飾。

對此，華西列夫斯基他們說：「我們的紅軍的戰鬥力已非
1941 年可比了。紅軍在戰鬥中鍛鍊成長了，獲得了極其豐富

的作戰經驗，並擁有精銳的裝備和出色的技術武器。如今，已是法西斯懼怕我們了。」

於是，史達林的猶豫消除了。

經過對形勢的仔細分析和對事態發展的遇見，會議作出了這樣的決定：

蘇軍主要力量應該集中在庫爾斯克以北和以南，並在這裡用防禦戰拖垮敵人，爾後轉入反攻並予以殲滅。下一步是蘇軍發起總攻擊，在哈爾科夫、波爾塔瓦和基輔方向實行主要突擊。

此外，會上研究了另一個行動方案：

如果法西斯統帥部近期不在庫爾斯克附近發動進攻，並長期拖延進攻時間，那麼蘇軍就轉而採取積極行動，在下定了先行防禦，繼而轉入反攻的決心後，接下來就是為即將到來的行動展開全面的準備工作。

同時，偵察人員繼續偵察敵軍的兵力和意圖。

就在德軍準備於 5 月上旬發起進攻時，蘇方情報部門便獲得了情報。於是，蘇軍統帥部把作戰警報和命令傳了下去，要求各部隊嚴陣以待，隨時做好禦敵的準備。

「堡壘」作戰按計劃應於 5 月 4 日發動，但由於這年雨季結束的較晚以及德軍準備上的不足，作戰計劃不得不一再延期。

在 5 月份的一次討論「堡壘」計劃的會議上，第九集團軍司令莫德爾上將帶來了一疊航空照片，這些照片顯示了蘇軍在德軍計劃的進攻路線上，已經構築了大量的防禦工事，莫德爾認為進攻的最佳時機已經失去了，蘇軍已經恢復了元氣，「堡壘」計劃應該放棄。

希特勒再次顯示出猶豫，但在克魯格、蔡茲勒和曼施坦因等人的堅持下以及對於「閃電戰」的自信，「堡壘」作戰最終被確定在 7 月 5 日發動。

德軍兵力及部署是中央集團軍群所屬的莫德爾上將的第九集團軍在庫爾斯克突出部北部，該集團軍共有 21 個德國師和 3 個匈牙利師，33.5 萬人，其中有 6 個坦克師，共有 590 輛坦克，424 門火炮。

在突出部的中部是德中央集團軍群的第二集團軍，9.6 萬人，他們主要任務是保持突出部南北的德軍間的聯繫。

在突出部南部是曼施坦因的南方集團軍群，包括霍特將軍的第四裝甲集團軍和肯普夫集群。第四裝甲集團軍下轄第五十二步兵軍、第四十八裝甲軍和第二黨衛裝甲軍共 22.4 萬人，925 輛坦克，704 門火炮；右翼的肯普夫集群，擁有 10 個師，12.6 萬人，344 輛坦克和 25 門火炮。

此外，還有約 20 個師部署在上述各突擊集團的翼側。

第四、第六航空隊的航空兵負責支援陸軍。這樣德軍的

進攻總兵力達到 90 餘萬人，火炮和迫擊炮約 10000 門，坦克和自行火炮 2700 輛，飛機 2050 架。

德軍為這次進攻還投入了大量新式兵器，包括「虎」式、「豹」式坦克，「突擊虎」式和「斐迪南」火炮以及「胡蜂」「黃鼠狼」等自行火炮，以及「福克沃爾夫 190A」式戰鬥機和「漢克爾 129」式攻擊機。

5 月 20 日，根據最新得到的敵情情報，蘇軍總參謀部經最高統帥許可，向各方面軍發出了警告，預計法西斯的進攻不會遲於 5 月 26 日。

在第一次警告沒有得到證實之後，佛羅尼斯方面軍軍事委員會就認為其中有變化，可能敵人已經放棄轉入進攻，於是便請求最高統帥實施先發制敵的突擊，就是否適宜的問題作出決定。

顯然，史達林對這個建議產生了濃厚的興趣，但華西列夫斯基、朱可夫、安東諾夫幾個人極力說服他不要這麼做。

6 月 10 日，華西列夫斯基被召回莫斯科，根據大本營的指示，他最後被派到佛羅尼斯方面軍，任務是負責協調佛羅尼斯和西南兩個方面軍的戰役作戰行動。

與此相適應，朱可夫被委派為負責中央、西方和勃良斯克三個方面軍的作戰協調工作，整個戰役的協調者是最高統帥史達林。

至此，蘇軍的準備工作全部就緒。

　　蘇軍兵力及部署是在庫爾斯克突出部北部，正對著德中央集團軍群方向的是羅科索夫斯基的中央方面軍，包括第七十、第十三、第四十八、第六十、第六十五集團軍以及第二坦克集團軍，總兵力達 71.1 萬人，1.1 萬門大砲和迫擊炮，1785 輛坦克和自行火炮。

　　由於蘇軍認為強人的德中央集團軍群會擔當此次德軍的主攻，蘇軍在這個方向的力量也是最強的，朱可夫元帥也親自在此坐鎮指揮。

　　在庫爾斯克突出部南部，面對德南方集團軍群的是瓦圖京的佛羅尼斯方面軍，下轄第六、第七、第四十、第三十八、第六十九集團軍、第一坦克集團軍以及步兵第三十五軍，總兵力 62.5 萬人，8718 門大砲和迫擊炮，1704 輛坦克和自行火炮。

　　在中央方面軍和佛羅尼斯方面軍的後方是科涅夫的草原方面軍，它的任務是當前方兩個方面軍形勢吃緊時，向他們提供增援，而一旦庫爾斯克防線被德軍突破，它將成為最後一道防線，而當蘇軍轉入反攻時，它將提供新鮮的兵力。

　　該方面軍轄近衛第四、第五、第二十七、第四十七、第五十三集團軍、近衛第五坦克集團軍、近衛第三、第五、第七騎兵軍、近衛第四坦克軍、近衛第一、第三機械化軍。總兵力為 57.3 萬人，8510 門大砲和迫擊炮，1639 輛坦克和自行火炮。

　　就本次戰役戰備而言，庫爾斯克戰役比以往任何一次大規模反攻戰役的準備都要好，在莫斯科會戰時，蘇軍只有 17 個兵力不多的諸兵種合成集團軍參加，沒有坦克集團軍；

　　在史達林格勒戰役時，參戰部隊增加到 14 個諸兵種合成集團軍，一個坦克集團軍和幾個坦克軍；

　　而在庫爾斯克戰役時，共有 22 個強大的諸兵種合成集團軍，5 個坦克集團軍和 6 個空軍集團軍以及大量遠程航空兵部隊參加。

　　蘇軍 3 個方面軍對德國第九和第二集團軍、第四裝甲集團軍和肯普夫集群在兵力上占 2.4 比 1 的優勢，在坦克上占 1.9 比 1 的優勢，防禦縱深達 250 公里至 300 公里，另外還可以得到空軍第一、第二、第五、第十五、第十六、第十七集團軍共約 2900 架飛機支援。

　　在兵力構成上，砲兵團首次超過了步兵團，比例為 1.5：1，在威脅最大的中央方面軍第十三集團軍的正面，每公里防禦正面可以得到 148 門火炮支援，遠遠超過了德軍為發動進攻而拼湊的數目。

　　此外，索科羅夫斯基的西方方面軍、波波夫的勃良斯克方面軍以及西南方面軍的第五十七集團軍和第二坦克軍也被部署到了庫爾斯克地區，以應付隨時可能出現的複雜局面。

　　在軍工方面，到了 1943 年，搬遷到遠東的蘇聯軍火工業

終於開始達到並超過戰前水平，同時英美等西方的援助也開始大量抵達。7月2日凌晨，偵察部門送給總參謀部的情報稱：

> 在最近幾天，至遲不超過 7 月 6 日，德軍必將在庫爾斯克方向轉入進攻。華西列夫斯基隨即將此事報告給了史達林，並請准許迅速通知各方面軍。

接著，華西列夫斯基向史達林讀了他預先擬好的一道大本營命令的草稿：

> 根據現有情報，德國人可能在 7 月 3 日至 6 日間在我正面轉入進攻，最高統帥部大本營現命令：
>
> - 加強對敵人的偵察和觀察，以便及時發現其意圖。
> - 部隊和空軍做好抗擊敵人可能突擊的準備。
> - 已下達的各項命令請即上報。

7月2日夜，史達林批准了這一命令，隨即下達西方、勃良斯克、中央、佛羅尼斯、西南和南方各方面軍。

華西列夫斯基於當天前往佛羅尼斯方面軍，晚上到了「尼古拉耶夫」所在指揮所，「尼古拉耶夫」是瓦圖京的化名。為了保密起見，從1943年5月15日到1944年6月1日，蘇聯紅軍領導人的化名重新變更。

7月3日，佛羅尼斯和中央方面軍陣地又在平靜中過去了。

　　但是，從 7 月 4 日 16 時開始，德軍出動了大約 4 個營，在 20 輛坦克、砲兵和飛機的掩護下，開始在佛羅尼斯方面軍的廣闊地段上進行戰鬥偵察。敵軍楔入蘇軍前沿的一切嘗試很快就被擊退。

　　在戰鬥中，被蘇軍俘獲的步兵第一六八師的一個德國軍人供認：每個士兵都分到了乾糧和一份伏特加酒，他們應於 7 月 5 日轉入反攻。

　　華西列夫斯基從與朱可夫的電話通話中得知，7 月 4 日向蘇軍中央方面軍投誠的幾個德國軍人證實了同樣的情況。

　　在和瓦圖京商量之後，華西列夫斯基決定於 7 月 5 日凌晨實施計劃規定的炮火和航空火力準備。

　　在進攻出發後德軍的有生力量和技術裝備均遭到重大損失；敵人已經準備好的砲兵火力被摧毀，部隊的指揮被打亂了；敵軍在飛機場的飛機也遭受了損失，諸兵種合成部隊和航空兵的聯繫也被破壞。

　　庫爾斯克弧形地帶大會戰就此展開了。當天，德軍的兩個集團同時從北面和南面，向庫爾斯克轉入進攻。兩軍展開了激戰。

　　德軍的進攻持續了不到一週，至 7 月 12 日便以失敗而告終了。蘇軍的堅強抵抗使敵軍遭到巨大的損失，敵軍在庫爾斯克弧形地帶的背面推進了不到 12 公里，在南面推進了不到

35 公里，隨後便被迫停止進攻，接著就開始後退了。

在整個防禦戰期間，以及隨之而來的進攻戰役中，出縣許多驍勇善戰的英雄。

在爭奪波列沃耶地域 201 高地的戰鬥中，雙方曾經使之數次易手。最後，蘇第五十三集團軍第二九九師某連占領了這一高地。在最後一次與德軍的爭奪戰中，戰鬥已經發展到了白熱化的程度。

當時，德軍的炮火幾乎轟平了這一高地，守衛在這裡的彼得里謝夫上尉，在全連只剩下 7 個人的情況下，仍然帶領戰士們一起英勇地抗擊敵人，最終堅守住了這一陣地。

庫爾斯克大會戰的第二階段開始於 7 月 12 日，一直持續到 8 月 23 日。

8 月 3 日，別爾哥羅德 —— 哈爾科夫方向的反攻開始了。這一反攻是在佛羅尼斯方面軍和草原方面軍，在西南方面軍的協助下，在「魯勉采夫」戰役範圍內實施的。

朱可夫負責協調佛羅尼斯和草原兩個方面軍的行動，華西列夫斯基負責協調西南和南方兩個方面軍的行動。

8 月 10 日，華西列夫斯基提出了兩個方面軍行動計劃報請審批。

當時，別爾哥羅德 —— 哈爾科夫方向的戰役正在進行中，這個戰役以全殲敵軍和解放哈爾科夫而宣告結束。

雖然當時還不能仔細分析庫爾斯克會戰的結果，但有一點是清楚的：

蘇軍不僅贏得了這場大會戰，而且紅軍自己也在會戰中成長，所以華西列夫斯基以無比自豪的心情，在回憶錄中這樣寫道：

> 我們制訂的夏季戰局計劃時的設想已被證明是正確的，我們學會了猜測敵人的意圖。我們有剛強的意志和堅毅的性格、自制力和沉著精神，足以避免犯錯誤、過早開始戰鬥行動，給敵人以可乘之機。
>
> 戰役策略任務的制定進行得很順利，各級領導指揮部隊的技能也提高了。
>
> 德國在庫爾斯克會戰中的失敗，使其永遠不能恢復元氣了。

在此戰役中，德軍被殲滅了 30 個師，其中包括 7 個坦克師。陸軍部隊損失了 500 多萬人，此外還有 1500 輛坦克、3000 門火炮、3500 多架作戰飛機。

慘重的損失迫使德軍在整個蘇德戰場上完全轉入了策略防禦。對此會戰，西德歷史學家格利茲曾遺憾地寫道：「庫爾斯克弧形地帶大會戰，對於德軍是致命危機的開端。」

對於庫爾斯克會戰的意義，華西列夫斯基這樣評價說：

> 庫爾斯克附近的勝利，使得在法西斯奴役下的各國人

民進行民族解放鬥爭的戰場更為擴大、活躍。它使全
世界人民加深了正在消滅法西斯的第一個社會主義國
家的同情。

指揮進攻頓巴斯

1943 年 8 月 6 日，華西列夫斯基和負責協調佛羅尼斯和
草原方面軍行動的朱可夫，收到了大本營的命令，朱可夫提
出的關於佛羅尼斯和草原方面軍在哈爾科夫地域粉碎敵人的
計劃已被批准。

隨後，在科洛恰市附近，華西列夫斯基和朱可夫會面，
商定草原方面軍和西南方面軍的行動互相配合。第二天，華
西列夫斯基和馬利諾夫斯基討論了西南方面軍從北面展開行
動，進攻頓巴斯的任務。

在開始擬定進攻戰役計劃的時候，華西列夫斯基和馬利
諾夫斯基大將非常清楚，部隊將會遭到敵軍堅決的抵抗。在
華西列夫斯基來到西南方面軍之前，馬利諾夫斯基已經有了
初步方案。

經過幾個小時的討論，華西列夫斯基和馬利諾夫斯基最
後作出決定：利用以前奪取的北頓涅茲河西岸的登陸場作為
出發地，在伊久姆市以南，經巴爾文科沃，對洛佐瓦亞、巴
夫洛格勒和西涅爾尼科沃主要突擊。

在和南方方面軍主力共同實施向心突擊的同時，這些集團軍應切斷敵頓巴斯集團軍向西、向聶伯河下游撤退的道路。

參加這次戰役的部隊有：什列明中將的第六集團軍、達尼洛夫少將的第十二集團軍、朱可夫中將的近衛第八集團軍、坦克第二十三軍、近衛機械化第一軍和近衛騎兵第一軍、蘇傑茲中將指揮的空軍第十七集團軍的全部前線航空兵。

8月8日，華西列夫斯基他們下定決心，把將給各集團軍、坦克軍、機械化軍和騎兵軍規定的具體任務，上報大本營審定。同時，華西列夫斯基還向大本營匯報了關於南方方面軍戰役的設想。

8月10日凌晨，大本營回覆說，關於馬利諾夫斯基和托爾布欣兩個方面軍的行動的建議已經批准，同時允許在必要時將他們擬定的進攻日期推遲兩天。

8月12日凌晨，華西列夫斯基和朱可夫收到了大本營發給他們的訓令，命令佛羅尼斯方面軍在截斷敵哈爾科夫集團的退路後，攻占波爾塔瓦，並在克列緬楚格附近強渡聶伯河。草原方面軍在攻克哈爾科夫後，應攻占克拉斯諾格勒，繼而在第聶伯羅彼得羅夫斯克以北強渡聶伯河。西南方面軍應向聶伯河推進，進抵紮波羅熱地區，切斷頓巴斯集團的退路。

從開始進攻的第一天起，戰鬥就進行的十分激烈，而且有較大的傷亡。8月16日凌晨，茲米耶夫被攻克。與此同時，科涅夫的部隊也在進行著攻打哈爾科夫的艱苦戰鬥。

8月17日清晨，正在第四十六集團軍前進指揮所指揮的華西列夫斯基，突然收到了史達林發來的一個文件。只見文件上寫著：

華西列夫斯基元帥：

現在已是8月17日3時30分，而您卻還沒有給大本營送來8月16日戰役總結及您對情況判斷的報告，我早已要求您作為大本營的全權代表，必須在戰役每日終時給大本營送來專門報告，您幾乎每次都忘記了自己的這一職責，沒有給大本營送來報告。

8月16日是西南方面軍重大戰役的第一天，這次您又忘記了自己對大本營所負的責任。

我最後一次警告您，如果您再一次忘記對大本營的責任，您將被解除總參謀長職務並被從前線召回。

史達林

華西列夫斯基在讀完這份電報後，他感到非常的震撼。自從自己在軍隊中服務以來，他還從未受過一次，哪怕是輕微的批評或指責。他覺得自己的過錯在於，他以大本營代表的身分，8月16日正在格拉戈列夫集團軍中，確實把例行報告耽擱了幾個小時。

　　華西列夫斯基又想，在同史達林一起工作的時間裡，特
別是在偉大的衛國戰爭期間，自己一直感受到最高統帥給予
自己的關懷，甚至可以說遠遠超過了自己所應得的過分關
懷。然而最高統帥如此的動怒，究竟是什麼原因呢？

　　回到南方方面軍指揮所後，華西列夫斯基立即給他在總
參謀部的第一副手安東諾夫打電話。在電話中，華西列夫斯
基感到安東諾夫也在為發生的事情感到不安，並且想用一切
辦法安慰他。

　　安東諾夫說，他的報告總參謀部已經收到，並且已經送
至大本營。不過這已經是史達林向他發出那封電報之後了。
安東諾夫還說，他後來又接到了史達林的指示，不向任何人
再談起這封電報，電報由他一人保存。

　　安東諾夫還向華西列夫斯基報告說，佛羅尼斯、草原和
西南方面軍的進攻展開得不好，這使最高統帥感到非常不
安。史達林沒有準時收到華西列夫斯基的報告，就用電話
與他聯繫，但電話沒有接通，他才向安東諾夫口授了那份
電報。

　　事實上，史達林不僅對華西列夫斯基的態度如此嚴厲，
他對大本營的每位代表都要求得非常嚴格。史達林只允許大
本營代表在他們負責協調的各個方面軍的範圍內各處巡視，
如果到其他方面軍去，需要得到最高統帥的特別批准。

　　華西列夫斯基認為，最高統帥對大本營代表不予任何姑息的做法是正確的。

　　8 月 18 日，華西列夫斯基來到緊靠著北頓涅茲河西岸的西南方面軍指揮所。他和馬利諾夫斯基討論了當前的形勢，他們決定準備 8 月 19 日再次發起攻擊，盡一切可能，甚至抽調次要地段的兵力，加強方面軍的突擊集團，最大限度縮小突破口的寬度。但這次也沒有得到預期的效果。

　　此時，華西列夫斯基他們也知道，敵軍方面也向被攻擊的地段調集了所有的兵力，甚至將鄰近地區的兵力抽調乾淨了。因此，他們決定利用這一點，隱蔽地將必要的兵力在稍南一點的地方重新加以部署。這樣一來，他們就要強渡北頓涅茲河。最終，他們決定由近衛軍第八集團軍擔任主攻。根據計算，重新部署部隊和準備新的突擊需要五、六夜。

　　8 月 18 日晚，華西列大斯基用電話向史達林報告前線情況時，他便以自己的名義並代表方面軍首長，向史達林提出了這個建議。

　　因為前線的情況不令人高興，所以史達林說話的口氣很不客氣，他對華西列夫斯基和方面軍首長指責了部分沒有根據的行動。不過，建議最終還是被採納了。華西列夫斯基他們獲准於 8 月 27 日，在新地段上開始戰役。

　　同時，華西列夫斯基還向史達林報告了托爾布欣的南方

方面軍的一系列重大戰果。華西列夫斯基向史達林報告說，他認為南方方面軍的情況很好，他同意華西列夫斯基回到托爾布欣那裡去，但首先要完成哈爾科夫的任務。

8月22日，在布置好馬利諾夫斯基西南方面軍的突擊準備工作後，華西列夫斯基又來到了科涅夫的草原方面軍司令部，到這裡後，他才得知草原方面軍已經從兩個方向包圍了哈爾科夫。

經過與科涅夫研究，他們決定立即派出快速部隊加速對敵軍的合圍，並堵住敵人企圖撤離的鐵路線。

但是，由於敵軍事先已經接到指示，因此在當晚就棄城向西南方向逃跑了，在8月23日凌晨，完成哈爾科夫的任務了。

此後，佛羅尼斯和草原兩方面軍就向南線德軍壓去，其勢如排山倒海，不斷挺進。與此同時，根據重新部署的行動計劃，馬利諾夫斯基的西南方面軍主力也開始了攻勢。

在德軍南線的地段上，朱可夫的近衛第八集團軍一路挺進，德軍的防線終於被徹底衝垮，戰場情況立即大變。

9月4日，華西列夫斯基動身去近衛第三集團軍。到那裡之後才知道，集團軍參謀長赫塔古洛夫少將已經幾夜不知道集團軍司令在什麼地方了。直至9月5日凌晨，集團軍司令列柳申科才出現在米爾納亞多林納的指揮所裡。

原來，列柳申科用繳獲的汽車、坦克和第二四三團部分坦克，以及曾順利實施進攻的步兵第二五九師的步兵第一九三團，組成了一支快速支隊，並親自帶領這支隊伍參加了戰鬥。這一支隊在友鄰南方方面軍的第五十一集團軍先遣部隊的參加下，在尼基托夫卡附近粉碎了德軍，占領了該城，並繳獲了大量的戰利品。

隨後，列柳申科又幫助南方方面軍部隊去攻占距離給他的集團軍規定的作戰地很遠的戈爾洛夫卡。而事實上，戈爾洛夫卡沒有他的幫助，第五十一集團軍也能夠攻下來。而列柳申科自己的集團軍攻占阿爾及奧莫夫斯克的任務，在9月4日沒有完成，而是到9月5日才完成的。

事已至此，華西列夫斯基只好對列柳申科指出：只有在執行本身任務時不損害組織的情況下，機斷行事才是值得表揚的。

9月15日，華西列夫斯基又視察了基裡欽科少將的軍隊集群。該集群中，除了他的近衛騎兵第四軍，還有塔納希申的近衛機械化第四軍。這個集群應穿過上托克馬克，迅速向梅利托波爾運動，並前出到莫洛奇納亞河。

在波洛基東南30公里的古比雪沃鎮的東郊，華西列夫斯基遇到了基裡欽科將軍。在這裡，華西列夫斯基才知道，集群的部隊已經停下來了。儘管敵軍並沒有很長的防禦面，該

集群卻在為爭奪孤立的據點而戰鬥。

華西列夫斯基命令他們立即停止這些不必要的戰鬥，撇開敵軍繞過他們，直奔莫洛奇納亞。如果成功，就從行進間攻占梅利托波爾。

經過對集群的實地視察，證實了塔納希申的意見，那就是近衛騎兵第四軍可以更積極幫助塔納希申的軍隊。因此，華西列夫斯基不得不對基裡欽科提出了相應的批評意見。

到 1943 年 9 月上旬，華西列夫斯基所領導的西南和南方兩方面軍，攻占了頓巴斯廣大地區。

鐵路樞紐巴爾文科沃、鋼鐵工業中心馬里烏波利以及史達林諾、沃爾諾瓦哈等城市，相繼獲得了勝利。至此，蘇軍在整個戰場的南翼，已經牢牢地掌握了策略的主動權。

奪取聶伯河登陸場

1943 年的秋天就要到來了。此時，蘇軍已經牢牢奪得了策略的主動權。而此時，敵軍一邊向聶伯河撤退，一邊力求在河邊占領防禦陣地。

1943 年 8 月，德軍在庫爾斯克會戰中失敗後轉入防禦，利用中間地區的江河屏障頑強阻擊，企圖控制聶伯河以東最重要的經濟區；同時在納爾瓦河、維捷布斯克、奧爾沙、索日河、聶伯河、莫洛奇納亞河一線加緊建立一條「東方壁壘」的

策略防線，並以聶伯河一段為防禦重點。

蘇軍的任務就是，不讓敵軍在通向該河的接近地上組織防禦，以免把烏克蘭的大地變成一片焦土，並盡快向聶伯河中游和下游挺進，奪取對岸的登陸場。

由於在當時的情況下奪取聶伯河的意義重大，所以最高統帥部在 1943 年 9 月 9 日，向部隊發布命令，規定對成功渡河，並固守登陸場有功者，將授予政府最高勳章；對強渡像聶伯河斯摩稜斯克以下一段的這類大河，或強渡其他難度相同的大河有功者，授予蘇聯英雄稱號。

9 月 18 日晚，華西列夫斯基透過電話，與最高統帥史達林就下一步戰役發展問題，進行了研究和討論。最後作出決定：

> 命令西南方面軍各部前去解放第聶伯羅彼得羅夫斯克和扎波羅熱，以便在最近期間渡過聶伯河，奪取並固守西岸的登陸場。
>
> 派遣南方方面軍各部突破莫洛奇納亞河，並摧毀敵軍的沿河防禦，然後把敵人牢牢封鎖在克里米亞，並向聶伯河下游挺進，在該地段強渡。
>
> 中央方面軍和佛羅尼斯方面軍的兵力向基輔方向集中，草原方面軍的兵力向波爾塔瓦－克列緬楚格方向集中。

9 月 22 日，華西列夫斯基飛到了南方方面軍司令部。在這裡，方面軍司令托爾布欣向他詳細介紹了該軍的情況。

第二天，華西列夫斯基就和托爾布欣一起，來到了茲維塔耶夫的突擊第五集團軍和扎哈羅夫的近衛第二集團軍。在此了解到，在前一天，他們曾企圖在一夜中，從行進間突破敵軍沿莫洛奇納亞河西岸的防禦地區，但沒能成功。

敵軍的基本防禦地帶，設置在高聳於莫洛奇納亞河谷上的山巒上，而這些山巒又處在亞速海沿岸山地西面支脈上的一片高原上。敵軍修築的工事非常堅固，築有完備的反坦克壕溝網，兩三道塹壕，縱深達三公里至六公里，並有防禦良好的掩蔽部。

守衛這道防禦地區的德軍，除了從東線潰退下來的部隊，還有山地步兵第四師，新的增援部隊還在繼續向此地集結。

據蘇軍偵察獲得的情報和截獲的無線電得知，德國統帥部已命令部隊死守這道防區，直至最後一兵一卒。

由於希特勒下令死守莫洛奇納亞河谷這道防禦線。因此，華西列夫斯基與各集團軍司令經過詳盡的討論之後，決定使用以下的兵力：茲維塔耶夫中將的突擊第五集團軍左翼的四個步兵師、扎哈羅夫中將的近衛第二集團軍右翼的五個步兵師、霍緬科中將的第四十四集團軍的六個步兵師，以及砲兵第二和第二十六兩個師、近衛 M－31 火箭炮第十三旅、八個近衛 M－13 火箭炮團和南方方面軍的全部航空兵。

突擊時間定在 9 月 26 日。9 月 23 日深夜，華西列夫斯基把他與各方面軍司令共同討論制訂的作戰計劃，向最高統帥史達林報告。9 月 26 日，南方方面軍在一個小時的炮火準備後，轉入進攻，異常艱巨的梅利托波爾戰役打響了，這次戰役一直延續到 11 月 5 日。

敵軍憑藉堅固的防禦工事拚命抵抗，並在大量的飛機支援下，使用步兵和坦克多次反衝擊。在進攻的第一天，近衛第二集團軍和第四十四集團軍的進展最為顯著。

西南方面軍所屬的近衛第一集團軍，已前出到聶伯河左岸，但強渡該河登上右岸的計劃沒有實現。第六集團軍的四個步兵師，於 9 月 28 日在第聶伯羅彼得羅夫斯克以南地段，渡過了聶伯河。

隨後，第十二集團軍的兩個步兵師也渡過了大河。

9 月 28 日傍晚，華西列夫斯基和最高統帥討論了佛羅尼斯方面軍、草原方面軍和南方方面軍進一步展開戰役的計劃。

史達林對華西列夫斯基說，他剛就此問題徵求了朱可夫的意見，討論的結果決定：

> 佛羅尼斯方面軍依然致力於進攻基輔，然後進攻別爾季切夫、文尼察、日麥林卡、莫吉廖夫 —— 波多爾斯基，並向摩爾達維亞挺進；
> 草原方面軍進行主要突擊的總方向，應為切爾卡塞至新烏克蘭卡和沃茲涅先斯克一線，粉碎敵基洛沃格勒

153

集團，並切斷它向西逃竄的退路；

西南方面軍的任務是消滅敵軍在紮波羅熱的登陸場，同時其右翼繼續強渡轟伯河，擴大在該河西岸的登陸場，以主力從東面進攻克里沃羅格。

完成這些任務，就能使德軍在克里沃羅格集團陷入被半合圍的狀態。

10 月 9 日，在連綿的秋雨導致的泥濘中，南方方面軍開始了奪取梅利托波爾的戰鬥。梅利托波爾地理位置十分重要，它是通往克里米亞半島和聶伯河下游的咽喉要塞。戰鬥打響後，德軍不斷進行反衝擊，致使許多居民地數次易手。

最後，從預備隊調來的克列伊澤爾的第五十一集團軍，終於在 10 月 13 日從城南突入梅利托波爾。

隨後，就開始了持久的巷戰。突擊小組每樓必爭，逐一圍攻和摧毀敵軍的各個抵抗樞紐和據點。最終，梅利托波爾戰獲得了勝利。

10 月 12 日，華西列夫斯基在格拉西緬科指揮的第二十八集團軍中，他審問了德軍步兵第七十三師步兵第一八六團的一批俘虜。

據俘虜供認，他們這個師是 10 月 5 日從克里米亞調到此地的，在 10 月 10 日前一直留作預備隊，駐在梅利托波爾西南 20 公里處。

自蘇軍突破梅利托波爾城南的防線後，該師於 10 月 10 日傍晚投入戰鬥，以期恢復莫洛奇納亞河上的態勢。

德軍雖然用「斐迪南」式自行火炮來加強該師，但是沒有成效。在這次戰鬥中，德軍損失慘重。華西列夫斯還審問了一名營長。這個營長供稱，在他被俘時，他的部下的 340 人中，已有 280 名被蘇軍炮火殺傷。據其他俘虜供認，步兵第三三六師減員更為嚴重，而步兵第一一一師僅在 10 月 20 日的一天之內，就傷亡了總兵力的五分之四。

在南方方面軍攻打梅利托波爾的同時，西南方面軍恢復攻勢。

10 月 13 日 21 時 50 分，蘇德戰爭史上最大規模的夜戰行動開始了，參加的有三個集團軍、一個坦克軍和一個機械化軍。22 時整，擔任突擊任務的各坦克集群同時打開了前燈，一時間，月夜化作了白晝。坦克衝入敵群，搭載的步兵分隊立即跳下戰車，向德軍猛烈射擊。隨後，各主力部隊全部掩殺上來。

突如其來的蘇軍迅猛攻擊，打得德軍措手不及，等他們明白過來這是強大的夜間攻擊時，多數官兵已經束手就擒成了俘虜。

全部戰鬥只用了 10 個小時，到第二天上午 8 時，紮波羅熱終於被攻克了。除了戰死者之外，守敵全部被俘獲。繳獲

的德軍重裝備和各種武器彈藥，堆滿了聶伯河左岸的地域。

至此，從扎波羅熱上至洛耶夫的 700 公里長的地段上，蘇軍西南、草原和佛羅尼斯三大方面軍一線展開。不僅聶伯河左岸德軍用以阻擊的各大屯兵場和策略要地被全部攻克，而且許多集團軍還乘勝強渡了聶伯河，並在大河右岸占領了若干個登陸場。

此外，南方方面軍還占領了克里米亞的地峽地區，從而徹底切斷了克里米亞半島上的敵軍與聶伯河下游的聯繫。

至此，聶伯河會戰終於勝利結束了。

決勝烏克蘭戰役

1943 年秋天的戰局，以蘇軍的勝利而結束了。到 1943 年年底，又緊迫提出了第三個冬季戰局的問題。

在 1943 年 11 月至 12 月間，蘇最高統帥部大本營和總參謀部，每天指揮著前線的進攻戰，同時又忙著制訂即將來臨的冬季各戰役計劃。

12 月中旬，為了對冬季戰局下定最後的決心，華西列夫斯基和朱可夫被召回莫斯科。他們先在總參謀部討論了所有的基本問題之後，然後來到了大本營。

和以往一樣，參加會議的有黨中央政治局委員和國防委員會委員，經過討論，形成了對冬季進攻的設想：在不同

時間和在彼此相距很遠的地段上，先後進行一系列策略性戰役。

會後，華西列夫斯基和朱可夫又在總參謀部工作了好幾天，他們每天都到史達林那裡去核定計劃的細節和各個方面軍的訓令。

最高統帥剛批准了訓令，華西列夫斯基和朱可夫便根據他的指示，各自返回部隊。

12 月 21 日，華西列夫斯基離開莫斯科，回到了烏克蘭第三方面軍和烏克蘭第四方面軍，即原來的西南方面軍和南方方面軍。朱可夫也回到了原來的佛羅尼斯和草原方面軍，即烏克蘭第一和第二兩個方面軍。

在 1944 年初，希特勒在蘇德戰場的南翼部署了一個極大的策略集團，它們是德國曼施坦因元帥指揮的「南部」集團軍群，包括坦克第四集團軍和第一集團軍、野戰第八和第六集團軍，以及克萊斯特元帥指揮的「A」集團軍群，包括羅馬尼亞第三集團軍、德國第十七集團軍、德國第四十四獨立軍。

1944 年 2 月初，從「南方」集團軍群抽調的野戰第六集團軍轉隸於該集團軍群。這些軍隊得到了德第四航空隊的支援。這兩個集團集群總共有 176 萬名官兵、1.68 萬門火炮和迫擊炮、2200 輛坦克和強擊炮、1460 架作戰飛機。

希特勒嚴令他們不惜任何代價，守住聶伯河右岸烏克蘭

和西部各州的產糧區，以及有開採和加工錳的企業的尼科波爾、富有鐵礦的克里沃羅格盆地和克里米亞半島，並掩護德蘇戰場南翼的交通線。

希特勒和德國統帥部還希望恢復德軍在聶伯河的防禦，德軍力圖控制科爾松——謝甫琴科夫斯基登陸場，因為這個登陸場有利於對烏克蘭第一方面軍左翼和第二方面軍的右翼實施側翼突擊。

德軍還力圖控制尼科波爾以南的登陸場，因為它掩護著克里沃羅格盆地，能對梅利托波爾的烏克蘭第四方面軍的後方突擊。

在烏克蘭作戰，除了要面對強大的德軍，蘇軍還遇到了以麥利尼克和班傑拉為首的資產階級民族主義者的活動。他們在右岸烏克蘭和西部各州一帶的活動十分猖獗。

班傑拉分子企圖影響民心和軍心。他們不斷破壞和暗殺，有時還嚴重威脅到蘇軍的後方，並且和前線地帶的占領者勾結。

1944 年 2 月底，瓦圖京陷入了其中一支匪徒的埋伏，不幸受了重傷。這些情況令蘇軍提高了警惕。

因此，蘇軍 1943 年冬季作戰計劃的第一階段的任務，就是切斷德軍伸向聶伯河方向的各突出部。第二階段，打破德軍的防禦，將敵「南方」集團集群和「A」集團軍群逐個殲滅。

　　在 1944 年 1 月的幾個星期裡，烏克蘭第三方面軍和第四方面軍也曾多次打算粉碎敵人的尼科波爾 —— 克里沃羅格集團，但是沒有成功，原因是兵力和兵器不足，彈藥也極為匱乏。

　　與華西列夫斯基他們的估計相反，敵軍不僅不想放棄這個地域，而且把這個地域變成了密集的、築有堅固工事和相互保持密切聯繫的一個支撐點。

　　1944 年 1 月中旬，華西列夫斯基領導的軍團得到大本營的允許，停止了攻擊。

　　華西列夫斯基認為，單憑自己的力量是不能奪取尼科波爾登陸場的，如果繼續打下去，損失會很大，而且還完成不了任務。

　　因此，他認為需要與烏克蘭第二方面軍合力作戰，重新部署軍隊，用預備隊補充托爾布欣的部隊。

　　於是，華西列夫斯基就和托爾布欣磋商，托爾布欣表示支持他的意見。

　　隨後，華西列夫斯基便從托爾布欣的指揮所，給大木營打電話，向史達林提出自己的作戰方案。

　　但是，史達林不同意他的意見，還責備他們不善於組織部隊的行動，不善於指揮作戰。

　　此時，基於目前戰事形勢的需要，華西列夫斯基除了強烈堅持自己的意見外，已經別無選擇。

　　這時，史達林提高了嗓門，這促使華西列夫斯基也不由得提高了嗓門，堅持自己的觀點。

　　隨後，就聽見史達林扔下了電話。

　　此時，站在一旁的把剛才發生的一切都聽到的托爾布欣微笑著說：「嘿！你知道嗎？亞歷山大‧米哈伊洛維奇，我剛才嚇得差點鑽到椅子底下去了。」

　　在這次通話後，烏克蘭第三方面軍終於從烏克蘭第二方面軍得到了沙羅欣中將指揮的第三十七集團軍，從大本營預備隊得到了近衛步兵第三十一軍，從烏克蘭第四方面軍得到了近衛機械化第四軍。

　　1月下旬，烏克蘭第三和第四方面軍恢復了對尼科波爾、克里沃羅格方向上的進攻。

　　根據以前的計劃，烏克蘭第三方面軍從克里沃羅格東北地域，向阿波斯托洛沃主要突擊。

　　烏克蘭第四方面軍的右翼部隊也向這裡進攻，以便於相向突擊，合圍防守在尼科波爾地域的德國第六集團軍，阻止其西撤。

　　經過兩天的激戰，德軍的防禦被突破了，緊接著，快速部隊進入突破口。

　　2月5日，蘇軍攻占了阿波斯托洛沃，企圖沿鐵路向尼古拉耶夫撤退的德軍三個坦克師和四個步兵師在這裡被殲滅。

　　同時，烏克蘭第四方面軍右翼部隊突破了尼科波爾以南的防禦，前出到聶伯河。

　　由於道路泥濘不堪，未能截斷敵軍的一切退路，但是敵軍的重型裝備和技術兵器都成了蘇軍的戰利品。

　　華西列夫斯基回憶說，1944年初冬春之際的這種道路泥濘，無法通行的現象，他在此前和以後的日子裡，都未曾見過。牽引車在原地打滑。炮手們扛著炮走，戰士們在當地居民的幫助下走了幾十公里遠，靠雙手把彈藥從這個陣地運到另一個陣地。

　　雖然困難重重，但是蘇軍戰士們以頑強的意志戰勝了惡劣的作戰環境。

　　2月8日，烏克蘭第三和第四方面軍的一些兵團攻占了尼科波爾。

　　托爾布欣的部隊拔除了德軍在聶伯河左岸上的最後一個登陸場後，全線前出到聶伯河，並在河的右岸固守了登陸場。

　　2月16日，作戰地區的天氣有所好轉，蘇軍才能夠拉來火炮和戰役開始時所需要的彈藥。

　　2月17日，烏克蘭第三方面軍克服了敵軍的頑抗和不斷反撲後，轉入進攻。然而，暴風雪開始了。

　　尼科波爾附近的聶伯河大橋被毀。在能見度只有20公尺的情況下，茲維塔耶夫的突擊第五集團軍橫渡到聶伯河右

岸，在它占領的登陸場上抵抗了反衝擊。

2月18日，暴風雪更大了。由於地面冰層和雪堆的影響，汽車運輸幾乎呈現癱瘓狀態。

從方面軍司令部所在地阿基莫夫卡到茲維塔耶夫，坐汽車沿開闊的草原直行，本來只需要一個半小時，但是華西列夫斯基他們卻用了一天的時間才到達目的地。

當乘坐的越野車實在前進不了時，華西列夫斯基便和司令部的工作人員們一起頂著暴風雪，雙腳踏著滑滑的冰層和厚厚的積雪，奮力前行。

然而，困難並未就此停止。聶伯河突然出現了浮冰，水位明顯上漲。在尼科波爾以南集中的普利耶夫的軍隊，無法在最近兩三天渡河，而右岸的茲維塔耶夫的軍隊供給的必需物品運輸也遭遇困難。

烏克蘭第三方面軍雖也遇到了難以想像的困難，但還繼續緩慢向前推進。

2月22日，烏克蘭第三方面軍所屬的格拉戈列夫中將指揮的第四十六集團軍，在沙羅欣中將指揮的第三十七集團軍的配合下，攻克了克里沃羅格和附近的礦坑，並前出到薩克薩加甘河和因古列茲河。

向因古列茲河推進的，還有馬利諾夫斯基的其他部隊。

到1944年2月底，聶伯河右岸烏克蘭地域戰役的第一階段勝利完成。

3月初，在華西列夫斯基的參與下，最高統帥部大本營和總參謀部，制訂了進攻烏克蘭戰役的第二階段的實施方案。

而就在此時，發生了一個不幸事件，瓦圖京因在從第十三集團軍去第六十集團軍的路上被匪徒打成重傷，於1944年4月15日逝世了。

瓦圖京曾是華西列夫斯基在總參軍事學院期間的同學，後在總參謀部出任過作戰部長兼第一副參謀長，與華西列夫斯基是很好的朋友。

在瓦圖京傷勢十分嚴重的情況下，他仍然關注著前線戰事的發展。

3月19日，華西列夫斯基收到瓦圖京從基輔醫院發來的電報，在電報中，瓦圖京祝賀烏克蘭第三方面軍首長和作為大本營代表的華西列夫斯基取得的勝利。

華西列夫斯基給瓦圖京覆電說：

感謝你的祝願。親愛的尼古拉·費奧多羅維奇，衷心祝你早日康復，以便重新統率具有決定意義的軍隊，我們將採取一切措施以實現你的願望。

華西列夫斯基對才華出眾的瓦圖京將軍，充滿了深深的敬意。在回憶錄中，華西列夫斯基說：

1940年8月，瓦圖京被任命為作戰部部長，爾後升任第一副總參謀長。尼古拉·費奧多羅維奇在這個崇高

的崗位上表現了宏圖大略，他以不倦的工作為訓練我
們的武裝力量作出了值得稱讚的貢獻。瓦圖京的統率
才能明顯表現在偉大的衛國戰爭年代。

我永遠不會忘記和尼古拉・費奧多羅維奇在前線的幾
次會晤。他擔任過西南方面軍參謀長，之後又擔任佛
羅尼斯方面軍、西南方面軍和烏克蘭第一方面軍司
令，對國家作出了有益的貢獻。

我特別想指出的是，國防委員會和大本營在準備和實
行大型戰役時，委託給瓦圖京將軍極為重要的任務，
他照例完成得很出色。

瓦圖京將軍當之無愧享有大家的崇敬和全民的愛戴，
蘇聯人民懷念他。

1944 年 3 月 4 日，烏克蘭第一方面軍開始進攻。在瓦圖
京受傷後，該方面軍由最高副統帥、蘇聯元帥朱可夫兼任司
令。在進攻的第一天，德軍的防禦就被突破了。

同日，方面軍司令命令坦克兵中將巴丹諾夫的坦克第四
集團軍和雷巴爾科上將的近衛坦克第三集團軍投入戰鬥。

在發起進攻的前兩個晝夜，蘇軍粉碎了敵軍的抵抗，把
突破口擴大至 180 公里，並向前推進了 25 公里至 30 公里，
解放了伊茲亞斯拉夫利和亞姆波利。

接著，蘇軍衝進沃洛欽斯克，切斷了利沃夫至奧德薩的
鐵路。同一天，蘇軍方面軍主力前出到了塔爾諾波利的接
近地。

之後又前出到了普羅斯庫羅夫的接近地。而在 3 月 5 日轉入進攻的茹拉夫廖夫中將的第十八集團軍，則已前出到赫麥利尼基接近地。

3 月 6 日，烏克蘭第三方面軍向德軍第六集團軍和羅馬尼亞第三集團軍發起攻勢。德國的這兩個集團軍共有 34 個師，其中包括 4 個坦克師和 1 個摩托化師。

擔任主攻任務的是蘇第四十六集團軍、近衛第八集團軍和普科耶夫騎兵摩托化集群。方面軍的其他集團軍在各自地段實施輔助突擊。敵軍在主要突擊方向的防線，在蘇軍進攻的第一天就被突破了。

3 月 8 日，這支隊伍以其勇敢的行動，攻占了新布格，截斷了多林斯卡亞到尼古拉耶夫的鐵路。它從這裡對逃向別列茲涅格瓦托耶和斯尼基列夫卡的敵軍的後方，實行了突擊。

為此，華西列夫斯基在給最高統帥的報告中，表揚了這個集群和朱可夫的近衛第八集團軍和格拉戈列夫的第四十六集團軍的勝利行動。

與此同時，烏克蘭第二方面軍向雅西出動，其前進的速度很快。烏克蘭第三方面軍也加快了速度，它的右翼部隊在 3 月 13 日突入赫爾松，衝向尼古拉耶夫，又轉而向北，堵住德國第六集團軍通向海上的退路。它的右翼部隊趕來會合，形成了合圍之勢。

在下因古爾河岸，德軍又遭到了一次慘痛的失敗。

在別列茲涅格瓦托耶 —— 斯尼基列夫卡戰役中，斯維里多夫中將的近衛機械化第二軍戰功卓越。

為表彰在這次作戰中戰功卓著的近衛機械化第二軍司令斯維裡多夫中將，在 1944 年 3 月 18 日，華西列夫斯基給他發了一封電報：

> 感謝您出色工作，實現了自己的諾言，祝您取得進一步的成就。
> 我們將和方面軍軍事委員會一起，申請給予您政府的高級獎賞，早日把萬惡的法西斯從尼古拉耶夫趕出去。

電報中所說的「您實現了自己的諾言」，其中還有一段緣由。那是在 1943 年 12 月 21 日，斯維里多夫曾被近衛第二集團軍的軍事委員會撤了軍長之職，並派他帶著命令到烏克蘭第四方面軍軍事委員會來，此時，華西列夫斯基也在此地。

華西列夫斯基以前在前線工作時，特別是在參加史達林格勒會戰和頓巴斯戰鬥中，結識了斯維里多夫。

在了解到斯維裡多夫被撤銷軍長一職後，華西列夫斯基和托爾布欣，向近衛第二集團軍司令扎哈羅夫說明，只有國防人民委員才有任免軍長的權利，集團軍軍事委員會撤銷斯維里多夫的職務，就超過了自己的權限。

在把這個問題提交國防人民委員部之前，華西列夫斯基派代表去集團軍和斯維里多夫所在的軍裡，就地詳細調查命令中所講的事實真相。後來，斯維里多夫回到軍裡去了。

調查表事，撤銷斯維里多夫的職務沒有重要的理由。

華西列夫斯基他們覺得，和斯維里多夫談談就可以了。在談話中，斯維里多夫向首長們保證，將獻出自己的一切力量、知識和經驗，來報答首長們給予他的信任。

現在，斯維里多夫實現了自己的諾言，華西列夫斯基和托爾布欣為此而感到十分高興。

1944 年 3 月 19 日夜，最高統帥在電話中通知華西列夫斯基，他們提出的作戰計劃大本營已經批准，坦克和牽引車將給予少許的補充。

但是他說，現在補充兵力不可能。

由於連綿不停的雨水，將本來就不好走的土路毀掉了，部隊必需品的供應只能靠拖拉機和越野汽車搬運。

因此，方面軍不得不拖到 3 月 26 日開始進攻。

戰士們腳下踩著幾乎沒膝的泥濘作戰，雖然人員不足，彈藥也快用完了，但是進攻沒有停止。

3 月 30 日，突擊第五集團軍攻克了奧恰科夫和第聶伯 —— 布格河河口的紅色燈塔堡壘。

此時，幾乎整個烏克蘭第三方面軍都在奧德薩戰鬥，突

擊第五集團軍在 4 月 9 日首先衝進奧德薩市。在奧德薩地區，蘇軍繳獲了大批的戰利品。

隨後用了三天的時間，攻占奧德薩和迪拉斯波，還控制了德涅斯特河上的渡口和堤壩。

全國都在隆重慶祝烏克蘭第三方面軍的勝利，這個集團軍的成千上萬名英勇無畏的軍人，榮獲了政府的高級獎賞。

4 月 10 日，奧德薩慶祝趕走德國羅馬尼亞法西斯匪徒。也是在這一天，華西列夫斯基得知自己榮獲了最高軍事勳章「勝利勳章」，他得到的這枚勳章是第二號，第一號授予了朱可夫元帥。

獎詞是：

> 由於出色完成了最高統帥部賦予的領導大規模戰役的任務，從而在粉碎德國法西斯侵略者中取得了輝煌勝利。

在蘇聯最高蘇維埃主席團命令發布之前，最高統帥史達林最先向華西列夫斯基表示了祝賀。

史達林對他說：「華西列夫斯基，我祝賀您榮獲蘇聯最高軍事勳章，您受到獎勵並不僅僅是由於頓巴斯和烏克蘭的勝利，而且是為了即將到來的克里米亞的成功。現在，你就應當把注意力轉到這方來。同時，不要忘記烏克蘭第三方面軍。」

當時，正在患重病的沙波什尼科夫發來的電報，讓華西列夫斯基深受感動。華西列夫斯基在覆電中說：

親愛的鮑里斯·米哈伊洛維奇：

感謝您的祝賀，我勝利完成最高統帥部賦予的任務，

以及因此而受到極為崇高的獎勵，這在很大程度上是

在您的領導下多年工作的結果。

衷心祝您健康。

感謝您的華西列夫斯基

突破克里米亞防線

解放烏克蘭的任務完成後，解放克里米亞的任務開始了。在指揮這個戰役過程中，華西列夫斯基仍然擔任總參謀長，同時協調烏克蘭第三方面軍和第四方面軍的行動。

蘇軍統帥部大本營的每一位代表，通常掌管兩三個方面軍。這種透過直接置身於作戰地區的大本營代表指揮部隊的形式，證明是行之有效的。

在蘇聯的整個衛國戰爭中，爭奪克里米亞的戰鬥一直很激烈。德軍竭盡全力死守克里米亞，是因為德軍只要守住克里米亞，他們就可以使整個河海沿岸處於其威脅之下，並對羅馬尼亞、保加利亞和土耳其的政策施加壓力。

此外，克里米亞也是德軍進犯蘇聯高加索地區和穩定整個戰場南翼的基地。

根據蘇軍大本營定下的計劃，克里米亞戰役的意圖在於：

烏克蘭第四方面軍從北面，即從彼列科普和西瓦什湖；
獨立瀕海集團軍從東面，在黑海艦隊和游擊隊的配合
下，向辛菲羅波爾 —— 塞瓦斯托波爾這個共同方向同
時實施突擊，分割敵軍，防止其由克里米亞撤退。

1944 年 3 月 28 日，正當華西列夫斯基與馬利諾夫斯基
研究如何進攻奧德薩市時，接到了最高統帥史達林打來的電
話。在電話中，史達林命令華西列夫斯基去見伏羅希洛夫元
帥，和他商討有關烏克蘭第四方面軍和瀕海集團軍，在克里
米亞戰役最初階段中協同的問題。

史達林還告訴華西列夫斯基，伏羅希洛夫將於 3 月 29 日
10 時，抵達克里沃羅格。

隨後，華西列夫斯基從烏克蘭第三方面軍司令部，飛到
了克里沃羅格，伏羅希洛夫元帥在他的車廂裡接待了華西列
夫斯基。

對於這次見面，華西列夫斯基許多年後，仍然記憶猶
新。伏羅希洛夫一向很好客，而蘇軍對德軍的巨大勝利，使
這次會面更加愉快。伏羅希洛夫詳細地向華西列夫斯基講述
了不久前結束的德黑蘭會議的情況。

當然，他們主要談論了與克里米亞戰役有關的問題，決
定讓烏克蘭第四方面軍的首長參加到下一步的工作中來。為
此，他們要在 3 月 30 日 10 時 30 分以前，轉移到梅利托波爾。

3 月 30 日，在進一步討論關於克里米亞戰役時，華西列夫斯基向伏羅希洛夫介紹了烏克蘭第四方面軍實施戰役的計劃。同時，伏羅希洛夫也向他們介紹了瀕海集團軍的行動計劃。

瀕海集團軍準備突破敵軍在刻赤以北的防禦，一部分一部分地消滅敵軍的刻赤集團，不讓它退卻到阿克 —— 莫奈斯克陣地，而後向辛菲羅波爾 —— 塞瓦斯托波爾發動突擊，以一部分兵力沿克里米亞半島南岸活動。

此外，他們還討論了有關克里米亞戰役最初階段各部隊協同的主要問題。參加這次研究工作的，還有烏克蘭第四方面軍軍事委員蘇鮑京、參謀長比留佐夫和空軍第八集團軍司令赫留金。

最後，華西列夫斯基和伏羅希洛夫根據研究結果，共同向史達林提出一份實施克里米亞戰役的綜合報告。在報告中，他們提出：「如果天氣允許，烏克蘭第四方面軍將不遲於 1944 年 4 月 5 日開始這一戰役。我們建議刻赤方面在彼列科普戰役開始後兩三天內開始。」

3 月 30 日夜，華西列夫斯基乘坐極有經驗的駕駛員阿法納西耶夫和他的領航員舍赫曼駕駛的飛機，從梅利托波爾回到了烏克蘭第三方面軍。在整個戰爭期間，華西列夫斯基多次乘坐他們駕駛的飛機，即使是在惡劣的天氣條件下，他們也飛得很順利。

4月8日，烏克蘭第四方面軍開始了進攻克里米亞半島的戰役。早晨，在方面軍各部隊宣讀了關於轉入進攻的命令：

> 我們在我們的父兄 1920 年灑滿鮮血的土地上戰鬥，讓
> 我們的英雄主義把伏龍芝的軍人的世界榮譽、俄羅斯
> 武器的榮譽發揚光大吧！

4月11日，瀕海集團軍部隊開始進攻。在整個戰役的過程中，克里米亞的游擊隊給了蘇軍強有力的支援。

經最高統帥的允許，華西列夫斯基在奧德薩解放之後，於4月11日回到了烏克蘭第四方面軍司令部。當天，他就接到了大本營的命令。

根據蘇聯空軍的偵察，獲悉由於克列伊澤爾的第五十一集團軍在贊科伊方向作戰順利，敵軍已經由刻赤半島開始撤退，托爾布欣請求華西列夫斯基趕快讓瀕海集團軍轉入進攻。

華西列夫斯基支持這一請求，他馬上將這一請求告訴了伏羅希洛夫。

4月10日，第五十一集團軍突破了敵人的防禦，從4月11日早晨起，坦克第十九軍進入了突破口。該坦克軍迅猛突擊，進而占領了贊科伊，並透過克里米亞大草原，順利向辛菲羅波爾發起進攻。

在彼列科普附近，扎哈囉夫指揮的近衛第二集團軍遭受敵軍的頑強抵抗。華西列夫斯基與托爾布欣商量後，為了盡

快奪取辛菲羅波爾，決定由坦克第十九軍組成一個快速集群，由第五十一集團軍副司令拉祖瓦耶夫少將指揮，其主要任務是在 4 月 13 日占領辛菲羅波爾。

4 月 11 日傍晚，莫斯科為英勇的烏克蘭第四方面軍鳴放禮炮，祝賀他們突破了敵人在彼列科普和西瓦什湖的防禦，並占領了贊科伊市。

4 月 12 日這一天，烏克蘭第四方面軍攻占了 314 個居民點，突破了卡爾基尼特灣以東的伊順的陣地、以阿卡巴特列爾卡沙咀為依託的阿克 —— 莫奈斯克的陣地，以及克里米亞中的比尤克 —— 昂拉爾斯克的陣地。這時，全線展開了進攻。

4 月 13 日，蘇軍勝利的旗幟飄揚在辛菲羅波爾、葉夫帕托里亞和費奧多西亞的上空。

4 月 15 日，蘇第五十一集團軍的快速部隊前出到了塞瓦斯托波爾的防禦外廓，這是德軍的最後希望所在，但是在蘇軍的猛烈打擊下，希望破滅了。

為了表彰蘇軍傑出的戰鬥行動，最高統帥宣布嘉獎，首都莫斯科又為前線的英雄們鳴放了慶賀禮炮。

然而，緊張的戰鬥仍在進行著。

史達林不止一次提醒華西列夫斯基他們，必須盡快消滅敵軍的克里米亞集團，而華西列夫斯基他們也很清楚這一點的重

要意義，無論從軍事觀點還是從政治觀點上來看，都是如此。

4月26日，華西列夫斯基與托爾布欣分析戰局後，作出決定：將在30日使用近衛第二集團軍在輔助方向突擊，同時讓近衛步兵第十三軍越過麥肯齊耶維山進入戰鬥，前出到北海灣，把在南區作戰的敵人兵力的一部分吸引過來。

預計在29日至30日凌晨，蘇軍所有的大口徑火炮和152毫米加農榴彈砲、帶有大型炸彈的遠程航空兵、所有的加強兵器和作戰飛機，都將投向德軍防禦陣地，以便掩護坦克部隊和伴隨其前進的步兵強攻封鎖隊的強攻。

至5月1日，再由第五十一集團軍和瀕海集團軍從南面實施迂迴，夾擊城內敵軍。同時，還需要調動克里米亞半島上游擊隊參加輔助作戰。

4月28日夜間，華西列夫斯基就這些計劃，和史達林進行了長時間的通話，史達林對擬定的戰役企圖和兵力部署沒有提出任何疑問，也未要求作重大的修正。

但是，當華西列夫斯基談到進攻還要做新的延期時，史達林就失去了平靜，言辭變得十分得激烈。然而，華西列夫斯基沒有放棄自己的意見。

最後得到最高統帥的批准：如果情況需要，將於5月5日由近衛軍第二集團軍在輔助方向發起進攻，而於5月7日以方面軍的所有部隊、黑海艦隊和游擊隊的力量，對塞瓦斯托波爾的築壘地域發動總強攻。

在接下來的幾天裡，各級指揮人員對他們的進攻地段多次勘察，對地形和敵情詳細的研究，並周密演練了完成當前任務的計劃。此外，在蘇軍各部隊後方修建了強攻教練場，以供在最大限度接近實戰的條件下演練戰鬥動作，特別仔細練習了步兵和砲兵、坦克和飛機的協同動作。

鑑於蘇聯游擊隊在 1944 年整個克里米亞戰役期間所起的巨大作用，華西列夫斯基他們徵得克里米亞州黨委的同意，在 5 月 3 日，向國防委員會發出一份由烏克蘭第四方面軍首長和政治部參加制定的，呈請授予游擊隊運動參加者以政府獎勵的文件：6 人授予蘇聯英雄稱號，14 人獎勵列寧勳章，17 人獎以紅旗勳章，23 人獎以一級衛國戰爭勳章，63 人獎以二級衛國戰爭勳章等。

5 月 5 日，近衛第二集團軍在兩小時的炮火準備和航空兵突擊之後，轉入了進攻。

大威力火炮在衝擊前夜和進攻當天的清晨，就用火力破壞永備防禦，方面軍的全部航空兵轟炸和掃射敵人的戰鬥隊形，以及妨礙蘇軍步兵和坦克向前推進的敵軍砲兵，戰鬥打得非常的激烈，在很多地段上都變成了肉搏戰。

5 月 7 日 10 時 30 分，在一個半小時的炮火準備後。在方面軍全部航空兵的密集支援下，蘇軍對塞瓦斯托波爾築壘地域發起了總強攻。德軍的一段 9 公里防禦陣地被突破，同時蘇軍還占領了薩彭山。

　　薩彭山的陷落，注定了塞瓦斯托波爾將被攻占。從該山山頂，以及從卡亞——巴什山，就可以觀察全城以及直到赫爾松內斯角的一片平原。

　　5月9日8時整，烏克蘭第四方面軍向塞瓦斯托波爾再次發起總強攻。攻城戰鬥持續了一整天。日終時，蘇軍的部隊前出到敵人預先蓋好從斯特雷列茲灣通向大海的防禦地區。

　　前面是還在德軍手中的克里米亞的最後一條狹長地段，即從奧麥加到赫爾松內斯角。

　　5月10日，被希特勒法西斯吹噓為固若金湯的「堡壘城市」塞瓦斯托波爾，終於被蘇軍占領了。

　　同日清晨，最高統帥傳來命令：

致蘇聯元帥華西列夫斯基、托爾布欣大將：

烏克蘭第四方面軍在航空兵和砲兵密集突擊的支援下，經過三天進攻戰鬥，突破了德國人用三層鋼筋混凝土防禦工事構成的永備堅固的築壘防禦，並在幾小時之前占領了黑海的要塞和極重要的海軍基地——塞瓦斯托波爾城，從而清除了德國人在克里米亞的最後抵抗基地。

克里米亞的德國法西斯侵略者已徹底肅清。

　　在電報命令的後面，列舉了所有在塞瓦斯托波爾戰鬥中表現突出的，報請授予塞瓦斯托波爾部隊稱號和勛章獎勵的部隊名單。

同日，首都莫斯科向解放塞瓦斯托波爾的烏克蘭第四方面軍部隊，鳴放禮炮致敬。

5 月 11 日夜間，瀕海集團軍和第五十一集團軍突破敵人掩護赫爾松內斯角的防禦地區，徹底肅清了敵軍在塞瓦斯托波爾集團的殘部，一晝夜之後，前出到黑海沿岸全線。

1944 年 5 月 12 日，蘇軍在克里米亞的進攻戰役結束。這次戰役徹底粉碎了擁有 20 萬人的德國第十七集團軍，其全部的技術兵器和彈藥都落入了蘇軍手中。

此時，華西列夫斯基的心情激動，不禁想到：在 1941 年至 1942 年，德軍和羅馬尼亞軍隊圍困塞瓦斯托波爾長達 250 天。而今，我們只用了 35 天，就突破了德軍在克里米亞堅固的防禦。

其中，只經過了 3 天時間，就粉碎了塞瓦斯托波爾附近的，比蘇軍在 1942 年要完備得多的永備防禦工事，攻占了黑海艦隊的主要基地。

首都莫斯科鳴放了五次禮炮，向把克里米亞從德軍手中解放出來的陸海空戰士們表示最誠摯的祝賀。

華西列夫斯基非常希望在攻占塞瓦斯托波爾的第一天，到那裡去看一看。

然而，很不走運的是，華西列夫斯基乘坐的越野車在麥肯齊耶維山地區，越過一條德軍的塹壕時，觸到了一枚地雷！

華西列夫斯基覺得很不可思議：這枚地雷如何還能完整留在那裡，因為在兩天的時間，經過這裡的已經有幾百輛汽車了。

越野車碰到地雷後，汽車的發動機和前輪被爆炸的氣浪甩到離車身好幾公尺遠的地方，司機斯米爾諾夫中尉傷了左腿。

當時，華西列夫斯基與司機並排坐在駕駛室裡，他的頭部受了重傷，臉部被玻璃碎片劃傷了，而護送華西列夫斯基的基亞尼茲基將軍和格里年科、科佩羅夫兩位副官因為坐在後面，沒有受傷。

華西列夫斯基和司機在被紮上繃帶後，送往集團軍司令部的後方梯隊，隨後送往方面軍司令，由於醫生的一再堅持，華西列夫斯基從那裡乘坐飛機，被送往莫斯科。

起草「巴格拉基昂」作戰計畫

華西列夫斯基被送到莫斯科接受治療後，史達林下令給他調來了最好的醫生，要求對華西列夫斯基的頭部做徹底的檢查和治療。結果表示，傷口並不深，沒有危及顱內腦組織，主要是顱外創面較大和顱骨輕微損傷。

醫生們建議華西列夫斯基臥床休息一段時間。

「這樣一來，我就有『機會』再一次考察總參謀部正在起草的白俄羅斯戰役計劃細節。」華西列夫斯基在回憶錄中如此說。

　　1944 年初，蘇軍進攻的結果是，攻占了大片領土，恢復了長達 400 公里的一段蘇聯國界，並進入羅馬尼亞境內。蘇軍的威力不斷增強。蘇聯戰時經濟，為在前線順利作戰創造了堅實的基礎。

　　為了實行白俄羅斯戰役，需要重新部署兵力，並從內地調來一切必要的東西。與此有關的種種措施需要國防委員會、總參謀部和國防人民委員部各總部、交通人民委員部付出很多心力。

　　這一切大規模的工作都必須在嚴格保密的情況下進行，避免讓敵人知道，因此只能讓極小範圍的人來領導準備工作。

　　從 1944 年 4 月起，總參謀部就積極著手制訂進行白俄羅斯戰役的具體作戰計劃和 1944 年夏季戰局的全盤計劃。

　　在準備白俄羅斯戰役的同時，總參謀部還與列寧格勒和卡累利阿兩個方面軍的首長，共同制訂了在卡累利阿底下和南卡累利阿的進攻戰役計劃。

　　在 1944 年 3 月和 4 月間，華西列夫斯基和朱可夫等軍事首長，就已經對夏季戰局討論過多次了，並在最高統帥那裡核定。至於任命白俄羅斯方面軍司令的問題，早就作出了決定。

　　史達林曾問過華西列夫斯基，誰可以擔任白俄羅斯第三方面軍司令？

華西列夫斯基回答說：「關於和白俄羅斯戰役有關的一切問題，我不止一次跟安東諾夫談過。我推薦切爾尼亞霍夫斯基上將，作為白俄羅斯第三方面軍司令的候選人。」

後來，史達林同意了他提出的這個意見，並在 4 月間發出關於任命切爾尼亞霍夫斯基的命令。

還有一次，史達林問華西列夫斯基，在攻占塞瓦斯托波爾之後，烏克蘭第四方面軍的哪些部隊將可用來加強白俄羅斯方向的各方面軍。

華西列夫斯基說，他和安東諾夫認為，方面軍指揮機關和兩個集團軍，即近衛第二集團軍和第五十一集團軍，可以調歸大本營的預備隊，並且必須調到白俄羅斯地區。把其中一個集團軍部署在維捷博斯克以東，以加強正在那裡部署兵力的右翼。

史達林沒有表示反對，並命令華西列夫斯基和安東諾夫討論這些問題，然後再和大本營徹底商討總參謀部的建議。

此外，史達林還向華西列夫斯基提出關於正在白俄羅斯建立的各方面軍的參謀長人選的建議，並指定從烏克蘭第四方面軍中抽選他所熟悉的、最有經驗的高級指揮員，以便在進行白俄羅斯戰役中加以使用。

經過考慮，華西列夫斯基從烏克蘭第四方面軍中推薦了兩位集團軍司令，即扎哈羅夫和克列伊澤爾。

在軍長當中，華西列夫斯基提了盧欽斯基、科謝沃伊和其他軍長。

後來的結果表示，華西列夫斯基的這些建議並沒有白提。

不久，最高統帥部任命扎哈囉夫接替彼得羅夫，指揮白俄羅斯第二方面軍；克列伊澤爾指揮他的第五十一集團軍，他率領這個集團軍從 7 月起就參加發展白俄羅斯戰役；盧欽斯基率領第二十八集團軍，參加發展博布魯伊斯克戰役；科謝沃伊在解放白俄羅斯時，指揮步兵第七十一軍。另外的那些軍長和他們的部隊，也很快被調去參加白俄羅斯戰役。

1944 年 5 月 20 日，總參謀部制訂的白俄羅斯戰役計劃呈報給最高統帥。在一些方面軍司令和軍事委員會委員的參加下，很快就在大本營討論了這個計劃。總參謀部必須在近日內向大本營提出修正後的計劃，以便能夠得到最後的批准。

在這些日子裡，華西列夫斯基每天都和朱可夫、安東諾夫在一起，多次到最高統帥那裡去談論戰役計劃。在這些會晤中，每次他們都反覆討論計劃以及進行以「巴格拉基昂」命名的白俄羅斯戰役細節。

「巴格拉基昂」是一位俄羅斯著名將軍的姓，其全名叫彼得‧伊萬諾維奇‧巴格拉基昂。

　　1812 年，法國皇帝拿破崙一世遠征俄國時，先是大敗於莫斯科的熊熊大火，隨即又在博羅季諾會戰中受到了重創，50 萬大軍只剩下了 20000 餘人。法軍倉皇逃出了俄國，最後在比利時南部的滑鐵盧徹底失敗了，巴格拉基昂就是博羅季諾會戰中的英雄。

　　5 月 30 日，大本營最後批准了「巴格拉基昂」戰役計劃。華西列夫斯基用八個字對該計劃概括：簡單明瞭，大膽宏偉。

　　對此計劃，華西列夫斯在回憶錄中寫道：

計劃簡單明瞭，同時既大膽又宏偉。它的簡單明瞭表現在，它是以關於利用在白俄羅斯戰區形成的對我們有利的蘇德戰場情況作為基礎的。同時我們清楚知道，這些翼側對敵人是最危險的，也是防禦最嚴的。

　　計劃的大膽來自不懼怕敵人的對策，而力圖在一個策略方向上實施對整個夏季戰局有決定意義的突擊。

　　能夠證明計劃宏偉的是：計劃對第二次世界大戰的進一步發展具有十分重要的軍事和政治意義，計劃的規模是前所未有的。還規定了為實現軍事策略的總任務和政治目的而進行大量的方面軍戰役。這些戰役是計劃中規定同時實施或相繼實施的，它們看起來是孤立的，但是相互之間有著緊密的聯繫。

　　按照大本營批准的計劃，「巴格拉基昂」戰役決定從 6 月 19 日至 20 日開始。

　　在此與蘇軍對峙的是「北方」集團軍群所屬第十六集團軍各右翼兵團，由坦克第三集團軍，野戰第四、第九、第二集團軍編成的「中央」集團軍群以及「北烏克蘭」集團軍群所屬坦克第四集團軍各左翼兵團，共計 63 個師又 3 個旅，120 萬人；火炮和迫擊炮 9,500 餘門，坦克和強擊火炮 900 輛，第六航空隊及第一、第四航空隊各一部共約 1350 架飛機對地面軍隊實施支援。

　　法西斯德軍占領了預先準備的縱深梯次配置防禦，依託完備的野戰工事配系和天然地區。「中央」集團軍群的任務是固守有捷徑通往德國邊境的白俄羅斯突出部。

　　從 1944 年下半年，為了保密和安全起見，武裝部隊的領導成員都取了新的假名。史達林叫謝苗諾夫，朱可夫叫扎羅夫，華西列夫斯基叫弗拉基米羅夫。

　　在「巴格拉基昂」戰役計劃被批准的當天，史達林決定派朱可夫去白俄羅斯第一和第二方面軍，派華西列夫斯基去協調白俄羅斯第三方面軍和波羅的海沿岸第一方面軍的行動。

　　5 月 30 日夜間，史達林、朱可夫、華西列夫斯基和安東諾夫，在大本營研究了給白俄羅斯各方面軍的命令，以及立

即投入準備「巴格拉基昂」戰役的指示和戰役實施第一階段的具體任務。

5 月 31 日，史達林和朱可夫簽字的命令發到了各方面軍。華西列夫斯基簽署了給巴格拉米揚和切爾尼亞霍夫斯基的號令，朱可夫簽署了給羅科索夫斯基和扎哈羅夫的號令。

5 月 31 日，華西列夫斯基在總參謀部召見了白俄羅斯第三方面軍司令員切爾尼亞霍夫斯基上將，他因病未能參加在最高統帥召開的討論戰役計劃的會議。

切爾尼亞霍夫斯基對這次會見感到由衷的高興，對華西列夫斯基將和他一起實行這次戰役表示滿意。

在這次戰役中，他首次擔任方面軍司令員，他知道這是經華西列夫斯基向史達林推薦，自己才獲得這個難得的機會。朱可夫和安東諾夫兩人，也參加了這次關於「巴格拉基昂」戰役意圖和白俄羅斯第三方面軍任務的談話。

6 月 4 日 16 時，華西列夫斯基到達了設在斯摩棱斯克州紅城附近的森林中的白俄羅斯第三方面軍司令部。那裡已事先準備好了配備有相應通信器材的指揮所，以保證華西列夫斯基能和大本營、總參謀部以及各方面軍和各集團軍的司令，保持經常、可靠電話電報和無線電聯繫。

和華西列夫斯基一起展開工作的，還有蘇軍砲兵副司令奇斯佳科夫上將，他的任務是協調兩個方面軍砲兵的行動；

空軍副司令法拉列耶夫空軍上將，他的任務是幫助華西列夫斯基協調空軍的行動。

此外，還有一個直接受華西列夫斯基領導的以波塔波夫中將為首的一批總參謀部軍官。

晚上，切爾尼亞霍夫斯基向華西列夫斯基他們介紹了方面軍首長最後製定的戰役計劃和各集團軍的任務，以及在戰役準備方面所做的工作。

根據大本營 5 月 31 日的命令，這個方面軍必須與波羅的海沿岸第一方面軍左翼和白俄羅斯第二方面軍協同動作，實行這次戰役，粉碎敵維捷博斯克 —— 奧爾沙集團。

為達到這一目的，規定實施兩個突擊：一個是由第三十九集團軍和第五集團軍在方面軍的北面實施。其中，第三十九集團軍應當從西南面迂迴維捷博斯克，與波羅的海沿岸第一方面軍左翼協同動作，粉碎敵維捷博斯克集團並占領維捷博斯克。

而第五集團軍則穿過鮑古索夫斯克、先諾和盧科姆利，挺進到別列津納河上游；另一個突擊由近衛第十一集團軍和第三十一集團軍實施，這兩個集團軍在粉碎敵奧爾沙集團後，應沿著明斯克公路線，向鮑里索夫發起進攻。同時，還必須利用快速部隊來取得勝利。

根據方面軍司令批准的計劃，為了保障各集團軍突破敵

軍防禦地段上的勝利，從方面軍的砲兵兵器和坦克兵器中，抽調了 1466 輛坦克和自行火炮、5764 門火炮和迫擊炮。這樣就使平均每公里的突破地段的總密度達到 44 輛坦克和 175 門大砲，就有希望使這次戰役取得勝利。

隨後，在方面軍首長的陪同下，華西列夫斯基一行到第五集團軍視察了前線的部署和偽裝等情況。檢查結果表示，方面軍首長、司令部和政治部，注意調到方面軍來的諸兵種合成兵團、坦克兵團、砲兵兵團，以及其他專業兵種部隊和各種軍用物資的偽裝。

方面軍司令部的軍官們在卸載站迎接了部隊，並陪他們到指定他們的集中地域去，且嚴格要求他們採取偽裝措施。白天絕對禁止變更部署和大規模的軍隊調動；禁止大批的指揮人員勘察；禁止破壞原先的射擊規定；禁止在敵占區上空了解飛行的情況。

方面軍司令部的軍官，每天都從空中對集中地域的偽裝檢查，同時還採取了一系列經過周密考慮的行動來迷惑敵人。在後方，在設備良好的靶場上和演習場上，認真檢查了部隊的戰鬥訓練，指定實施突破的師和特種部隊不露痕跡調到第二梯隊訓練。

6 月 6 日早晨，華西列夫斯基和切爾尼亞霍夫斯基，到了克雷洛夫的第五集團軍，在突破階段上仔細分析了集團軍

司令和各兵種首長提出的計劃，特別注意討論使用砲兵的問題，以及協調步兵、坦克、砲兵和航空兵的行動問題。在華西列夫斯基他們離開集團軍時，他們充分相信這個集團軍是掌握在堅定、勇敢而又可靠的指揮官手中。

6月7日，華西列夫斯基與切爾尼亞霍夫斯基、空軍副司令法拉列耶夫和空軍第一集團軍首長一起，討論了航空兵部隊面臨的任務。

6月8日拂曉，華西列夫斯基與奇斯佳科夫、法拉列耶夫一起乘飛機，來到了巴格拉米揚大將指揮的波羅的海沿岸第一方面軍。

華西列夫斯基對這裡的一切都感到十分的親切。因為該方面軍司令員巴格拉米揚和參謀長庫拉索夫，都是他在總參軍事學院學習的老同學。從那時到現在，他們之間一直保持著良好的友誼。

尤其是庫拉索夫，華西列夫斯基與他認識得更早，在總參軍事學院學習之前，他們就認識了。

那是在 1935 年冬，當時華西列夫斯基正以窩瓦河流域軍區司令部軍訓部長的身分，參加一次由白俄羅斯軍區組織的策略野外訓練作業。軍區首長在這次旅行作業中，是作為集團軍的部參加。

當時，庫拉索夫在白俄羅斯軍區服役。1940 年，華西列

　　夫斯基升任總參作戰部副部長之後，根據他的建議，由總參學院主任教員庫拉索夫擔任華西列夫斯基原來的職務，即總參謀部戰役訓練處處長。

　　1941 年 8 月初，華西列夫斯基成為總參第一副總參謀長兼作戰部部長之後，庫拉索夫就擔任了作戰部副部長。

　　在戰爭異常艱苦的歲月裡，庫拉索夫和沙波什尼科夫給了華西列夫斯基很多的幫助。在隨後的幾年裡，庫拉索夫領導的集團軍和方面軍的司令部，一直受到最高統帥部大本營和總參謀部領導的高度評價，華西列夫斯基十分珍視彼此間建立起來的深厚友誼。

　　6 月 8 日，華西列夫斯基他們整天都在巴格拉米揚的指揮所裡，聽取了方面軍司令、參謀長、各兵種首長和軍事委員會委員，關於戰役準備過程以及戰役的物資保障的報告。

　　按照大本營 5 月 31 日的命令，波羅的海沿岸第一方面軍首長在白俄羅斯策略性戰役第一階段，奉命在白俄羅斯第三方面軍的配合下，粉碎敵維捷博斯克 —— 列佩爾集團，前出到恰什尼基和列佩爾地域西德維納河南岸。為此，必須用近衛第六集團軍和第四十三集團軍的兵力，來突破戈羅多克西南敵人的防禦。

　　為了完成任務，方面軍部隊必須強渡西德維納河，並攻占別申科維奇。以部分兵力與白俄羅斯第三方面軍右翼協同

動作，粉碎敵維捷博斯克集團，解放維捷博斯克以便向列佩爾發展進攻，從北面波洛茲克方向，牢固地保障方面軍的主力。在攻占列佩爾後，用一部分兵力沿著西德維納河右岸突擊，切斷德軍第十六集團軍和坦克第三集團軍之間的聯繫。

為實現這一任務和後續的任務，該方面軍首長決定把兵力展開為戰役梯隊，把坦克軍作為快速集群。方面軍首長還確定了各集團軍突擊集團的編成。

在近衛第六集團軍中，由步兵第二十二和第二十三軍組成第一梯隊，由第一〇三軍和近衛第二軍組成第二梯隊來進行突破。在第四十三集團軍的突破集團中，由步兵第一軍和第六十軍組成第一梯隊，步兵第九十二軍作為第二梯隊。在方面軍預備隊中，除了坦克軍外，還有一個步兵師留在突擊集團的右翼。

在認真聽取完匯報後，華西列夫斯基他們對方面軍首長定下的戰役實施計劃沒有任何重大的意見和修改，方面軍各集團軍司令的計劃也得到了審查和批准。

6月8日夜間，華西列夫斯基在向最高統帥的例行報告中說，波羅的海沿岸第一方面軍戰役準備工作在順利進行。同時他還報告說，由於鐵路工作不令人滿意，調到白俄羅斯第三方面軍的部隊誤期了，原定的運輸計劃被破壞了。

因此，6月9日以前，坦克兵中將奧布霍夫領導的近衛

機械化第三軍只有百分之五十到達目的地,而按計劃這個軍應該在 6 月 5 日就全部趕到。

在那幾個月裡,鐵路工作曾經受到部隊多次的責備,由於鐵路工作落後於前線的需要,完成戰鬥任務變得複雜化了。華西列夫斯基對延遲運送軍隊的事情感到十分的憂慮,於是他便把總參謀部的總組織部部長卡爾波諾索夫中將請到了前線。

6 月 9 日夜 24 時,華西列夫斯基在向史達林報告一天的工作時,再次對部隊不能按時到達前線表示不安。他同時談到,對切爾尼亞霍夫斯基這位方面軍司令的第一印象很好,他做了許多工作,為人能幹且有信心。

6 月 11 日,趁著卡爾波諾索夫到達前線的機會,華西列夫斯基還研究了鐵路運輸問題,他寫好了一封給交通人民委員會的信,要求無論如何要改善工作,要不遲於 6 月 18 日結束運輸工作。

6 月 13 日夜間,華西列夫斯基在給史達林的報告中寫道:

完成您指示的準備工作在全速進行,正在研究各個細節。現有部隊在您指定的期限之前將準備就緒,大家對勝利充滿信心。

但對於鐵路能否把砲兵第四旅和第十五旅、奧斯利科夫斯基的騎兵軍、彈藥、燃料以及羅特米斯特羅夫所屬各兵團按時運到仍感擔心。我再次報告,開始的最

後日期將完全取決於鐵路工作，我們方面已經作出一
切努力，以便不耽誤您所規定的期限。

6月14日上午，史達林通知華西列夫斯基，由於鐵路運
輸的耽誤，戰役開始日期推遲至6月23日。

由於對切爾尼亞霍夫斯基部隊的準備情況充滿信心，於
是在6月14日下午，華西列夫斯基和奇斯佳科夫、法拉列耶
夫一起，再次乘飛機來到了巴格拉米揚的波羅的海沿岸第一
方面軍。在6月15日和16日這兩天，華西列夫斯基他們詳
細檢查了近衛第六集團軍、第四十三集團軍和空軍第三集團
軍的準備進程以及物資保障情況。

近衛第六集團軍關於突破敵人防禦的準備，在華西列夫
斯基他們看來是十分周密的。他們只提了少許的意見，就批
准了集團軍司令的作戰計劃。

6月16日傍晚，在給最高統帥的報告中，華西列夫斯基
寫道：

第四十三集團軍新任司令別洛鮑羅多夫給我留下了良
好的印象，從南方派到這個方面軍的軍長瓦西里耶夫
和魯奇金工作出色。我已指示為近衛軍調到非近衛軍
的瓦西里耶夫保留近衛軍的錢。
我請求批准我的指示，並對赫魯雪夫同志作相應的指
示。兩個方面軍的準備工作進行的完全正常。如果天
氣允許，我們將嚴格按照您指定的期限完成任務。

鐵路工作使人有點焦急，讓人擔心已撥歸方面軍的部隊是否能按時集中，某些供應品是否能夠下發，儘管為戰役的開始所必需的一切東西將能得到。

6月16日深夜，史達林給華西列夫斯基打電話，問他能否在對所負任務沒有特殊損失的情況下，到莫斯科來兩三天。華西列夫斯基同意了，並於第二天回到了莫斯科。

6月17日晚上，華西列夫斯基和安東諾夫一起去見史達林。見面後，他才知道，北部戰線上的列寧格勒方面軍出現了問題。

原來，列寧格勒方面軍經過在卡累利阿地峽的激烈戰鬥，嚴重挫敗了芬蘭軍隊之後，準備強攻最後一道防禦地區。

後來得到消息說，德軍統帥部已將自己的部分兵力從南卡累利阿調往卡累利阿地峽。

史達林透過電話，與列寧格勒方面軍司令戈沃羅夫聯繫，聽取了他關於事態進程和準備強攻的詳細報告，對他作了一系列的忠告和指示。他對戈沃羅夫作出他的部隊在近一週之內完成加速進攻的保證十分滿意，並祝他成功。

當天晚上，大本營討論了關於卡累利阿方面軍在奧涅加湖和拉多加湖區艦隊的參加下，在南卡累利阿進行 —— 彼得羅扎沃茲克戰役的問題。

　　史達林在電話裡聽取了方面軍司令麥列茲科夫關於部隊的準備情況的報告，並強調指出，由於列寧格勒方面軍行動順利，為卡累利阿方面軍完成任務創造了更為有利的條件，要求不遲於 6 月 21 日開始戰役。

　　然後，史達林請安東諾夫介紹一下諾曼第最近的事態。安東諾夫說，盟軍在登陸之後推進極端緩慢。它們已將僅有的 3 個不大的登陸場連成一片，並向科康坦半島方向稍作擴大。

　　當談到英美軍隊在諾曼第登陸，會在蘇德戰場上產生什麼影響時，得出了這樣的結論：蘇軍一旦開始白俄羅斯戰役和繼續順利地進攻芬蘭，希特勒統帥部將會把一部分部隊從西線調到東線。

　　在交換完意見之後，最高統帥約定華西列夫斯基在第二天晚上會見時，報告他在白俄羅斯戰役上存在的問題。

　　第二天晚上，史達林在聽完華西列夫斯基關於白俄羅斯第三方面軍和波羅的海沿岸第一方面軍，在完成他們任務準備過程的簡短報告之後，感到十分滿意。

　　華西列夫斯基還特別談到了在切爾尼亞霍夫斯基的方面軍中，使用近衛坦克第五集團軍的問題。

　　在報告中，華西列夫斯基建議，應把該坦克集團軍由原來的奧爾河 —— 鮑里索夫方向，轉移到鮑古索夫斯克 ——

鮑里索夫方向上來。因為這一突破方向比原來的距離要近，而且地形也比較好，且前方正面沒有更強大或密集的敵軍。

最後，史達林同意了這一建議，表示暫時可以把坦克第五集團軍留在大本營預備隊。而在需要的時候，華西列夫斯基就可以以大本營代表的身分發出指示，將其轉調給方面軍。大本營還決定，在任何情況下，這個坦克集團軍的主要任務是迅速前出到別列津納河，強占渡口。

與以往一樣，最高統帥關心部隊的士氣、準備和物資保障的情況，以及各方面軍指揮人員，而首先是領導成員的工作。華西列夫斯基對此做了較為滿意的答覆。

華西列夫斯基在莫斯科的時候，朱可夫請求大本營允許白俄羅斯第一方面軍不是於 6 月 23 日，而是於 6 月 24 日開始進攻。

史達林為此徵詢了華西列夫斯基的意見。華西列夫斯基打電話和巴格拉米揚和切爾尼亞霍夫斯基商量之後，對史達林說：「我認為這個建議對我們兩個方面軍來說是適宜的，因為它使我們能夠在 6 月 22 日夜間，在波羅的海沿岸第一方面軍和白俄羅斯第三方面軍開始戰役之前，在這裡利用派給羅科索夫斯基的遠程航空兵。待他們用過之後，再讓它們回到原先的位置上，即在 6 月 23 日夜間繼續執行它先前的指定任務。」

　　史達林同意了這個建議，並補充說：「您和切爾尼亞霍夫斯基都忽略了一個對你們有利的細節，白俄羅斯第三方面軍在這種情況下又得到了一天的時間。」史達林將最後決定通知華西列夫斯基。

　　6月20日，華西列夫斯基回到了切爾尼亞霍夫斯基的指揮所。隨後，他和達尼洛維奇和空軍第一集團軍首長一起檢查了空軍的準備情況，和空軍的軍長、師長們以及各兵團的政治部主任舉行了會議。

　　在這個具有歷史意義的戰役開始前的最後幾天裡，華西列夫斯基給最高統帥的報告中寫道：

> 波羅的海沿岸第一方面軍和白俄羅斯第三方面軍的準備工作行將結束。6月21日夜間，部隊將進入戰役出發地位。將在一天內在各個地段上進行戰鬥偵察，6月22日夜間又要進行偵察。只要天氣有利，進攻將按規定的時間開始。

　　華西列夫斯基是一個對工作認真謹慎的軍事首長。他認為，每一個軍事首長，從團營或師的指揮官到集團軍或方面軍司令，都應當有恰如其分的謹慎和細心。

　　因為他的工作就是對成千上萬軍人的生命負責，他的義務就是要斟酌自己的每一個決心，經過深思熟慮，尋找完成戰鬥任務的最適宜的途徑。

千里逐鹿白俄羅斯

1944 年 6 月 22 日，在廣闊的白俄羅斯地域，一場大戰即將打響。此時，轉入決定性進攻的一切準備就緒。

然而，在白俄羅斯第三方面軍和波羅的海沿岸第一方面軍，「巴格拉基昂」戰役並沒有完全按照原先開始。

在計劃進攻開始時，天空密雲重重，蘇軍只能使用遠程航空兵，但由於天氣的原因，未能充分發揮出前線航空兵的威力。

砲兵火力的優勢，給了發動進攻的步兵以主要的支援，各戰線戰鬥的進展不盡相同。

6 月 24 日清晨，波羅的海沿岸第一方面軍和白俄羅斯第三方面軍繼續發展進攻。

在維捷博斯克方向和鮑古索夫斯克方向作戰的部隊，取得了最大的成就。

近衛第六集團軍和第四十三集團軍在一次戰爭中，擊退了敵人瘋狂的反擊，前出到西德維納河，從行進間強渡該河，爭奪該河南岸的登陸場。

柳德尼科夫的第三十九集團軍，從南面突入維捷博斯克附近的德軍走廊，克雷洛夫的第五集團軍也快速向前推進。

24 日中午，華西列夫斯基打電話給巴格拉米揚，知道了近衛第六集團軍的近衛步兵第六十七師的戰士們，在利用小

船、木筏、木桶和其他簡單材料渡過道加瓦河。

由於敵人的頑強抵抗，第四十三集團軍的進攻的速度有些減慢。然而合圍維捷博斯克集團能否成功取決於第四十三集團軍，因為第三十九集團軍的兵團已經從南面完成了自己的任務，正縮緊合圍圈。

根據德軍俘虜供稱，德軍統帥部似乎正在要求希特勒允許把部隊從維捷博斯克西撤。

得到這個消息後，華西列夫斯基與波羅的海沿岸第一方面軍司令談好，他應盡一切努力，使第四十三集團軍至遲在一天之後務必與第三十九集團軍，在格涅茲季洛維切伊地域通往維捷博斯克的公路上會合。

華西列夫斯基透過電話，對柳德尼科夫表示了祝賀。

放下電話後，華西列夫斯基來到了奧布霍夫的史達林格勒近衛機械化第三軍。

在這裡，他和方面軍司令切爾尼亞霍夫斯基，與軍長奧布霍夫討檢查了奧斯利科夫斯基集群編成內的坦克兵的準備狀況。

到了傍晚，坦克兵開始行動，超過遠遠走在前方的步兵，在第二天和搭乘坦克的自動槍手突入先諾。

白俄羅斯第三方面軍的右翼的情況較差一些，因為近衛第十一集團軍滯留於沼澤之間，在這裡把羅特米斯特洛夫的集團軍投入戰鬥的可能性已經不存在了。

因此，必須要讓近衛坦克第五集團軍投入鮑古索夫斯克地域，並在那裡利用克雷洛夫的第五集團軍的突破口，從後方迂迴奧爾沙，向托洛欽和鮑里索夫前進。

為此，華西列夫斯基向奧斯利科夫斯基的騎兵機械化集團提出一項任務：由先諾向西發展進攻，以便從兩側繞過盧科姆利湖，以一翼支援波羅的海沿岸第一方面軍攻占列佩爾；另一翼強渡別列津納河，並向普列謝尼奇推進。

最高統帥同意這一想法，並批准華西列夫斯基從 6 月 24 日 20 時起，把近衛坦克第五集團軍由大本營預備隊撥給白俄羅斯第三方面軍。

華西列夫斯基隨即將這一命令通知了方面軍司令和羅特米斯特羅夫。

在戰鬥進行中，華西列夫斯基親眼看到了赫留金將軍的空軍第一集團軍的出色工作。

根據方面軍的戰役計劃，該集團軍的力量在頭一天集中在方面軍主攻方向，即奧爾沙。

雖然當時的天氣不好，但是在衝擊開始的前一刻，飛機對處於近衛第十一集團軍地段上的敵軍防禦前沿進行了密集的轟炸。衝擊一開始，轟炸機和強擊機把突擊轉到了敵軍防禦的縱深，強擊機成功掩護步兵和坦克推進，也摧毀了德軍的火器。

而當第五集團軍在鮑古索夫斯克附近遇到頑強抵抗時，華西列夫斯基透過方面軍司令，要求空軍集團軍首長給予支援，無論是雨天，還是瀰漫在 100 公尺高處低低的雲層，都阻礙不了航空兵對敵人支撐點密集的轟炸。

在華西列夫斯基與赫留金通電話時，飛機已經在飛向奧爾沙的途中了。然而，在接到命令後，集團軍司令緊急指示它們改變航向，轉向鮑古索夫斯克。

結果航空兵們出色完成了任務，幫助地面部隊攻占了該地域。

6 月 25 日和 26 日，白俄羅斯第三方面軍和波羅的海沿岸第一方面軍繼續進攻。

合圍圈在維捷博斯克以西合攏後，在城裡和城郊，有五個師以上的德軍陷入了合圍圈。

顯然，德軍已經走投無路了。

於是，巴格拉米揚、切爾尼亞霍夫斯基和華西列夫斯基決定，只留下一部分部隊來消滅被圍的集團，而讓主力盡快向西推進。

6 月 26 日，肅清了維捷博斯克的德軍，繼而留下的第三十九集團軍和第四十三集團軍，繼續肅清該師東南森林中敵維捷博斯克集團。

布德科夫的坦克兵和奧斯利科夫斯基的騎兵機械化集

群，順利地向西推進。

蘇軍向走投無路的德軍提出投降的最後通牒。德軍提出給他們幾個小時來考慮。

在蘇軍面前，德軍在自己分隊內舉行了會議，但沒有作出決定。規定的時間已過，可是還是沒有得到投降的答覆。

於是蘇軍就轉入進攻，不到一個小時，德軍才開始投降，而且幾乎沒有抵抗。

華西列夫斯基和白俄羅斯第三方面軍司令切爾尼亞霍夫斯基、軍事委員會委員馬卡羅夫、協調空軍活動的空軍副司令法拉列耶夫，對被俘的敵軍四名將軍審訊。

在審問前，他們是分開關押的，因而不知道其他將軍也已經被俘。

華西列夫斯基在審訊德軍步兵第五十三軍軍長戈爾維策上將時，戈爾維策上將認為他被俘是偶然的，是由於他個人疏忽的結果。

並且他還認為他的部隊仍在維捷博斯克城郊地區與蘇軍作戰，他要求如有可能，就告訴他維捷博斯克城戰鬥的進展情況。

但是，當蘇聯軍人把他的部下步兵第二〇六師師長希特爾中將，以及該軍參謀長施米特上校等人帶進來時，戈爾維策感到大為震驚。

在維捷博斯克大捷的當天，應華西列夫斯基的請求，最高統帥部同意給切爾尼亞霍夫斯基授予大將軍銜，以表彰他擔任方面軍司令的卓著的工作。隨後，華西列夫斯基欣喜地向切爾尼亞霍夫斯基表示祝賀。

26 日晚上，方面軍所有廣播站都轉播了首都對解放了維捷博斯克的各部隊的祝賀，224 門火炮齊鳴禮炮 20 響。最高統帥在命令中宣布，嘉獎參加解放該市的兵團和部隊，對表現最優異者則授予維捷博斯克的稱號。

稍後，經華西列夫斯基申請，又有四位集團軍司令的中將被授予上將軍銜。

在華西列夫斯基的領導下，總參謀部總是注意使那些表現優異的指揮官不被遺忘。

6 月 27 日，奧爾沙的德軍被肅清了。6 月 28 日，奇斯佳科夫和別洛鮑羅多夫這兩個集團軍攻克了列佩爾。

奧斯利科夫斯基的騎兵機械化集群，在鮑裡索夫以北強渡別列津納河，隨著前出到這裡的是在這個方向上進攻的白俄羅斯第三方面軍的主力。

7 月 1 日，近衛坦克第十一集團軍、坦克第三十一集團軍和近衛坦克第五集團軍的部隊突入了鮑裡索夫。至此，整個白俄羅斯第三方面軍各部隊，便全部前出到了別列津納河一線。

下一個攻擊目標就是白俄羅斯西部的最大城市 —— 明斯克。

在華西列夫斯基的回憶錄中，他還記下了一個普通士兵的英雄事跡。在奧爾沙的戰鬥中，參加坦克搭載兵的近衛列兵斯米爾諾夫，重傷後被俘。當蘇軍入城之後，才知道了後來的情節。

在一個掩蔽部中，蘇軍找到了被釘在十字架上的斯米爾諾夫的屍體。在掩蔽部裡，亂堆著德軍拋棄的司令部的文件和審訊記錄。這裡還有近衛軍人斯米爾諾夫的士兵手冊和共青團證。

事實表明，斯米爾諾夫沒有回答敵人的任何一個問題，而英勇犧牲了。

他沒有洩漏軍事機密，直到最後一口氣，斯米爾諾夫仍然忠誠於自己的國家，斯米爾諾夫被追授予蘇聯英雄的稱號。

7月3日，白俄羅斯第三方面軍和第一方面軍，在明斯克市中心會師了。

在東面，德軍中央集團集群的主力在白俄羅斯第二方面軍的擠壓下，陷入了合圍圈。

那裡有由莫吉廖夫敗退下來的德軍第四集團軍的部隊，以及在維捷博斯克、奧爾沙和博布魯伊斯克近郊被擊潰的坦克第三和第九集團軍殘部。

敵人瘋狂向西南、南方和北方突圍，並為此付出了很大的傷亡，但卻沒有成功。

起初，蘇最高統帥部大本營責成白俄羅斯第二方面軍和白俄羅斯第三方面軍所屬的第三十一集團軍消滅敵人這個集團。

而後，又下令第三十三和第三十一集團軍執行此任務，並將第三十三集團軍由白俄羅斯第二方面軍，轉給白俄羅斯第三方面軍。

7 月 12 日，德軍全部投降，有 3.8 萬人被俘，還繳獲了德軍第四集團軍的全部技術兵器、裝備和後勤單位。11 名將軍成了俘虜。

7 月 5 日，在明斯克獲得解放之後，華西列夫斯基來到了該市市區，他的心情是極為沉重的。在大建築物中，德軍沒來得及炸毀的只有白俄羅斯政府大廈、白俄羅斯共產黨中央委員會新樓、無線電工廠和紅軍之家等。

發電站、火車站、大多數工業企業和機關已被炸毀。

華西列夫斯基盡可能仔細視察工程部隊的工作，工程部隊力求盡快掃清城市內的地雷。

7 月 16 日，游擊隊員們在市民們的歡呼聲中，經過了明斯克。白俄羅斯的首都終於又成為了一個自由城市，這不僅是蘇聯人民，而且也是全體反法西斯戰士的節日。

波羅的海沿岸殲滅戰

在 1944 年 7 月 12 日以前，華西列夫斯基不斷在波羅的海沿岸的第一方面軍和第二方面軍之間穿梭。

在 7 月 11 日夜間，華西列夫斯基飛到波羅的海沿岸第二方面軍後，用了兩天的時間進行情況視察。當華西列夫斯基在葉廖緬科指揮司令部時，卡扎科夫和尤什凱維奇這兩個集團軍已經前出到奧博奇卡以北和以南的維利卡亞河，並強渡維利卡亞河，切斷了通往謝別日的公路。

然而，在 7 月 13 日夜間，最高統帥史達林責備華西列夫斯基說，波羅的海沿岸第二方面軍進攻速度緩慢。隨後，華西列夫斯基向葉廖緬科轉達了這一責備，並和他商討完成最高統帥指示的措施。

隨後，華西列夫斯基回到波羅的海沿岸第二方面軍，幫助巴格拉米揚調整部隊的部署，並從 7 月 20 日轉入進攻。

到 7 月底，白俄羅斯第三方面軍進行了鞏固尼曼河西岸登陸場的戰鬥，空軍第二集團軍的飛機在空中掩護他們。德爾菲諾少校指揮的是法國愛國者組成的，獲得了涅曼團稱號的諾曼底獨立殲擊機第一團，在這裡表現得十分出色。

在 7 月下旬，蘇聯紅軍接連獲得大捷。烏克蘭第一方面軍的部隊在布羅迪城下粉碎了一個法西斯集團，攻占了利沃夫、普熱米什爾、斯塔尼斯拉夫，強渡維斯瓦河，並攻占了

桑多米茲登陸場。

　　白俄羅斯第一方面軍的各集團軍強渡了西布格河，解放了布列斯特、赫爾姆和盧布林，並且前出到華沙，強渡維斯瓦河，奪下了馬格努舍夫和普瓦維兩處登陸場。

　　在大規模進攻的條件下，各個方面軍均面臨著新的任務。在和大本營代表和各方面軍司令多次談話之後，最高統帥部向各方面軍發出了命令。

　　這些命令的主導思想是：要在秋季之前，就為徹底解放波羅的海沿岸和向東普魯士突擊，以及鞏固波蘭態勢和準備攻占烏克蘭的外喀爾巴阡地區創造條件。

　　至 1944 年 7 月底 8 月初，在整個波羅的海沿岸戰場上，蘇軍的前沿戰線已經大大向前延伸了。

　　7 月 29 日，華西列夫斯基因戰功卓著，榮膺「蘇聯英雄」稱號，並被授予「金星」獎章。

　　按照最高統帥部的訓令，華西列夫斯基的任務加重了，不僅要協調白俄羅斯第三方面軍和波羅的海沿岸第一、第二方面軍的行動，而且還要指揮他們的戰役。同樣，朱可夫元帥不僅要協調白俄羅斯第二、第一方面軍和烏克蘭第二方面軍，而且還要指揮他們的戰役。

　　這是大本營指揮各方面軍的新形式，這種形式實行了幾個月，大大豐富了華西列夫斯基的經驗，而且在他被任命為遠東蘇軍總司令時，對他指揮作戰大有裨益。

此時，希特勒統帥部開始瘋狂把各兵團趨向波羅的海沿岸第一方面軍的左方正面，尤其是圖庫姆斯、多貝列和夏烏里亞。

8月2日晚，華西列夫斯基向史達林報告，為了進一步完成規定的任務，波羅的海沿岸第一方面軍需要緊急加強。他再次提出把近衛坦克第五集團軍，調入波羅的海沿岸第一方面軍。此外，華西列夫斯基還提出，從波羅的海沿岸第二方面軍所屬的突擊第四集團軍中，哪怕一個軍補充突擊第四集團軍。

史達林痛快答應滿足這一請求。第二天，安東諾夫就告訴華西列夫斯基，大本營和總參謀部已經作出了決定，規定坦克集團軍開到拉謝尼亞伊，並向西北方突擊，衝向克利麥，擊潰集中在夏烏里亞以西的德軍集團。

華西列夫斯基指示波羅的海沿岸第二和第三兩方面軍，對里加進行南北夾擊作戰。第三方面軍右翼打響了塔爾圖戰役，左翼沿愛沙尼亞 —— 拉脫維亞共和國邊界推進。

8月13日，第二方面軍占領了馬頓那，以直線計算離里加不到150公里。當天，華西列夫斯基向大本營作了報告，這份報告經過波羅的海沿岸第二方面軍軍事委員會同意，總結了蘇軍的偵察材料和最近幾次戰鬥結果，並報告了德軍沿麥麥列河建立防禦地區的情況。

蘇軍獲悉，敵軍正在沿麥麥列河地域建立強大的防禦，那裡已集中了德軍的 7 個步兵師，而且還有一個軍隊集團集結在里加以南的森林中，以便從北面進攻米塔瓦。

同時，偵察到在夏烏里亞以西，還有一大批敵軍正在集結。由此，華西列夫斯基判斷，敵人可能要從這兩個方向拔出蘇軍從里加灣打進來的楔子。

為了阻止這種情況的發生，華西列夫斯基他們向最高統帥部建議：加強從克魯斯特皮爾斯沿著道瓦加河進攻里加的突擊第四集團軍和被排除切斷敵軍集團的近衛第六軍；建議第四十三集團軍向第五十一集團軍的右邊展開，組織鞏固的防禦；在米塔瓦地域壓縮第五十一集團軍的戰鬥隊形，在那裡沿著列盧佩河建立坦克和步兵無法突破的防禦，從而把這一地域變成強大的築壘樞紐。

最終，最高統帥批准了華西列夫斯基他們提出來的所有建議。

8 月 16 日，德軍以 6 個坦克師和 1 個摩托化師、2 個坦克旅的強大兵力展開反攻，反攻的重點在米塔瓦附近。

敵人在夏烏里亞附近的突擊被擊退，而米塔瓦地域的突擊成功，從而獲得了一條寬 50 公里、長 1000 公里的防禦地帶，即從納爾瓦灣到楚德湖、從塔爾圖到維爾茲 —— 亞爾夫湖，從那裡向南到加烏亞河。

接著彎向西北方到米塔瓦和多貝列，從那裡戰線向南，經過日穆季到東普魯士邊界。這就是德軍在 8 月下半月，在波羅的海沿岸地區取得的最大戰果。

1944 年秋天，蘇軍在波羅的海沿岸重新的部署和補充，準備粉碎德國北方集團軍群。

在 9 月 14 日進行新的進攻之前，波羅的海沿岸的三個方面軍和列寧格勒方面軍的總兵力已達 90 萬人，有 1.75 萬門火炮和迫擊炮、3000 多輛坦克和自行火炮、2600 多架作戰飛機，加上遠程航空兵和海空航空兵共約 3500 多架。此外，波羅的海艦隊從海上支援，並參與了這場戰役。

與蘇軍相比，當面之敵的德軍總數有 70 余萬人，700 多門火炮和迫擊炮，1216 輛坦克和強擊炮、400 架作戰飛機。從蘇德的兵力和兵器對比上看，蘇軍已經佔了相當大的優勢。

在戰鬥開始之前，華西列夫斯基視察了部隊，他堅信戰士們已經準備好了，鬥志昂揚。

9 月中旬，暴風雪越來越猛了，雖然天氣越來越惡劣了，但是卻沒能阻止住蘇軍進攻的腳步。蘇軍反擊敵人瘋狂的強攻，鑑於當時的戰勢，華西列夫斯基他們決定把克列伊澤爾第五十一集團軍對圖庫姆斯的突擊推後兩天。

同時，波羅的海沿岸第二和第三方面軍肅清在里加州的敵軍，但他們的推進十分緩慢，華西列夫斯基他們決定，派

別洛夫上將的第六十一集團軍，沿著里加公路行動，幫助波羅的海沿岸第二和第三方面軍。

此時，波羅的海沿岸第三和第二方面軍，已經接近離里加 70 公里的敵人防線錫古爾達。同時，根據偵察判斷，在克萊比達州的德軍坦克第三集團軍的地段上，德軍的兵力不超過八個師，其餘的都被派往米塔瓦附近，去營救北方集團軍群。蘇軍大本營得到有關的報告後，決定把主要突擊轉向麥麥爾方向。

9 月 24 日，最高統帥部正式的訓令到達，要求把進行這一戰役的任務全部交給波羅的海沿岸第一方面軍。於是，華西列夫斯基他們立即開始把軍隊重新部署，從而使該方面軍的右翼得到大大的加強。

10 月 5 日，麥麥爾戰役打響了。如此一來，蘇軍就走在了敵軍的前頭了，因為德軍的計劃是在 10 月中旬，在里加附近組織反攻。

五天以後，波羅的海沿岸第一方面軍的諸兵種合成兵團、軍團和坦克兵團、軍糧粉碎了德軍的反抗，而前出到麥麥爾以北和以南的波羅的海海岸。北方集團軍群第二次，也是最後一次，被割斷了和德國本土的聯繫。

10 月 15 日，里加戰役成功。此後，波羅的海沿岸第二和第三方面軍，迅速肅清了所有拉脫維亞西部的敵軍。

對於指揮波羅的海沿岸軍隊作戰的日子，華西列夫斯基有很深的感觸。他在回憶錄中說：

> 波羅的海沿岸的秋天和冬天，不討人喜歡。1944 年至
> 1945 年的冬天，那裡特別的寒冷潮濕，狂風怒吼，但
> 對我們的部隊來說，是順風。

在波羅的海沿岸作戰期間，華西列夫斯基還遇到了一件不愉快的事情。

那天，華西列夫斯基頂著風，從葉廖緬科的司令部那裡，乘車到巴格拉米揚的指揮所去。當他的車子正在路面上行駛時，一輛吉普車突然向他們的汽車疾馳而來，開車的是一個年輕的軍官。

面對這種突發的情況，司機來不及拐彎，也來不及剎車，於是只聽到「嘭」的一聲，疾馳的這輛車就撞到華西列夫斯基元帥乘坐的這輛車上了。

華西列夫斯基與和他一起來的軍官們，趕忙從車裡跳了出來。華西列夫斯基吃力地站起來，他感到自己的頭部和腰部劇痛難忍。

華西列夫斯基一看，走過來的是一個面色如一張白紙似的上尉，他向元帥同志遞過來自己的手槍。

只聽這位肇事的上尉氣急敗壞地說：「元帥，請您槍斃我吧！我罪有應得！」華西列夫斯基心想，也許他是喝醉了，

或是震暈了，華西列夫斯基命令他收起武器，到部隊裡去報告所發生的一切。

由於遭遇這場意外的車禍，華西列夫斯基不得不在集群的指揮機關裡躺了 10 天。儘管傷的不輕，他還不得不為這位肇事者說情，因為有人要將他提交軍事法庭審判。

華西列夫斯基後來才知道，這個上尉是一個前線的偵察連長。那天夜裡，他出色完成了一次責任重大的任務，他是急著趕回部隊去向上級首長報告，才發生了這次車禍，實屬意外。沒過多久，華西列夫斯基就聽說這名上尉獲得了「蘇聯英雄」的稱號。

經過大約一個月後，華西列夫斯基來到莫斯科作 X 光的檢查，醫生確診為：他身上有兩根肋骨折斷的痕跡。

但是，無論怎樣，指揮波羅的海沿岸戰役的這段軍旅歷程，無論是寒冷、傷痛，還是戰鬥的激烈，乃至勝利後的喜悅，都給華西列夫斯基記憶留下了深刻的印象。

波羅的海沿岸戰役的勝利結束，使蘇軍進攻的矛頭又直指德國進攻俄國和波蘭的最主要策略基地東普魯士。

 智勇雙全

威震四方

要想成功一項事業，必須花掉畢生的時間，不達成
功誓不罷休。

—— 華西列夫斯基

請求解除自己的總參謀長職務

在很早以前,東普魯士就被德國變成了進攻俄國和波蘭的最主要的策略基地了。1914 年,德國對俄國的進攻,就是從這個基地發動的;1941 年,德國法西斯也是從這裡出發。

在蘇德戰爭期間,即在 1941 年至 1945 年期間,東普魯士對德國統帥部具有著非常重要的經濟、政治和策略意義。

直至 1944 年,希特勒大本營一直都設在這裡,這個被稱為「狼穴」的法西斯分子的大本營,就在拉斯登堡附近的地下掩蔽部裡。

德國統帥部認為,保住東普魯士具有重大的意義,普魯士可以掩護通向德國中心地區的要衝,因此德國在普魯士境內以及與它毗鄰的波蘭北部地區,構築了築壘工事。

從工程技術看,它是堅固的正面陣地和斜切陣地,以及布滿永備工事的大型防禦樞紐部。該堡壘的所有工事,在築城方面和火力方面都互相緊密聯繫著。這裡的工事總深度達150 公里至 200 公里。

東普魯士的地貌特點是,有湖泊、河流、沼澤和水渠,有四通八達的鐵路和公路網,堅固的石料建築物,這在很大程度上有利於防禦。

至 1945 年時,東普魯士的築壘地域和包含有與天然障礙物相結合的堡壘的防禦地帶,就實力來說,不遜色於德國西

部的「齊格菲防線」在蘇軍進攻的主要方向上，即貢賓南、英斯特堡和格尼斯堡，防禦工事從工程技術方面來看，其防禦非常的完備。

德國統帥部妄想依靠這些強大的工事，阻止蘇軍繼續前進。在白俄羅斯被殲滅後重建的中央集團軍群的重兵集團，均集中在這裡。

至 1945 年 1 月中旬，該集團軍群有坦克第三集團軍、第四和第二集團軍，總計兵力 41 個師。其中，有 3 個坦克師和 4 個摩托化師和一個旅，共有 58 萬官兵和 20 萬民眾衝鋒隊。它們擁有 8200 門火炮和迫擊炮，700 輛坦克和強擊炮，第六航空隊的 515 架作戰飛機。領導北方集團軍群的是倫杜利奇上將，後來是衛斯上將。

1945 年 1 月 13 日，白俄羅斯第三方面軍和白俄羅斯第二方面軍，揭開了東普魯士戰役的序幕。

早在 1944 年 11 月，蘇軍最高統帥部和總參謀部就開始醞釀東普魯士戰役計劃。在 1944 年 11 月初，華西列夫斯基和朱可夫就被召回莫斯科，總參謀部和大本營制訂了 1944 年冬季至 1945 年春季的戰局計劃。

1944 年 11 月 5 日，白俄羅斯第三方面軍由於試圖突入東普魯士境內，但是沒有成功，於是奉命在立陶宛南部轉入頑強的防禦。

11 月 8 日，蘇聯統帥部大本營命令華西列夫斯基，仍然領導在立陶宛北部和拉脫維亞一帶活動的波羅的海沿岸第一和第二方面軍的行動。

由於戰勢的需要，必須粉碎東普魯士的希特勒集團，這樣才能使白俄羅斯第二方面軍的各集團軍脫身，參加主要方向的行動，消除敵軍從東普魯士對已經在主要方向突破的蘇聯軍隊實施側翼突擊的威脅。

蘇軍發起東普魯士戰役的目標是：切斷守衛在東普魯士的中央集團軍與法西斯其他軍隊的聯繫，把該集團軍群壓迫到海邊，加以分割並各個殲滅，肅清東普魯士境內的敵軍。

在東普魯士戰役的第一個階段，雖然白俄羅斯第三方面軍和白俄羅斯第二方面軍未能完成最高統帥部交給的任務，但是卻使敵人遭到了重創，迫使敵人退卻，並占領了一部分地方。

白俄羅斯第二方面軍，前出到哈弗灣；俄羅斯第三方面軍，前出到柯尼斯堡南、北兩面海邊，切斷了東普魯士集團和德國法西斯其他部隊的聯繫，並把北方集團軍殘部分割為三個部分。

敵軍的四個師被逼迫到澤姆蘭德半島的海邊；五個師連同要塞部隊一起被圍困在柯尼斯堡；將近二十個師被合圍在柯尼斯堡的西南面。

同時，在 1945 年 1 月 28 日，從北面保障白俄羅斯第三方面軍行動的波羅的海沿岸第一方面軍，攻占了大海港麥麥

爾。這樣一來，德軍統帥部就幾乎不可能從東普魯士向柏林方向進攻的蘇聯軍隊打擊。

1945 年 2 月初，由於史達林和安東諾夫要出席雅爾達會議，所以華西列夫斯基奉命履行總參謀長和副國防人民委員的職責。波羅的海沿岸各方面軍的行動，由列寧格勒方面軍司令戈沃羅夫上將領導。

根據大本營 1945 年 2 月 6 日的決定，華西列夫斯基開始部署東普魯士戰役第二階段的行動：

> 波羅的海沿岸第一方面軍的部隊，撥給了波羅的海沿岸第二方面軍。
> 而波羅的海沿岸第一方面軍指揮機關，則從白俄羅斯第三方面軍接收了第四十三、第三十九集團軍和近衛第十一集團軍。
> 白俄羅斯第三方面軍，則得到了原屬白俄羅斯第二方面軍的第五十、第三、第四十八集團軍和近衛坦克第五集團軍，以及近衛坦克第八軍。

這樣一來，前出到維斯瓦河岸馬林堡南面的白俄羅斯第二方面軍，遵照大本營的指示改變目標，以便直接在波美拉尼亞行動。

2 月 8 日，華西列夫斯基在徵得史達林的同意後，對羅科索夫斯基下達了命令：

方面軍以中路和左翼，包括突擊第二集團軍，第六十五、第四十九和第七十集團軍，近衛坦克第一軍，機械化第八軍，近衛騎兵第三軍和不少於 4 個突破砲兵師，於 2 月 10 日轉入向維斯瓦河以西進攻，並應不遲於 2 月 20 日攻占維斯瓦河口 —— 迪爾紹 —— 貝倫特 —— 隆梅爾斯堡 —— 新什切青一線。

爾後，待第十九集團軍靠攏，在什切青總方向上發展進攻，攻占但澤、格丁尼亞地域，並肅清沿海一帶直至波美拉尼亞灣之敵。

2 月 10 日，蘇軍在東普魯士戰鬥行動的第二階段開始了。

最高統帥部把消滅被分割合圍的各德軍集團的任務，交給了白俄羅斯第三方面軍和波羅的海沿岸第一方面軍。

遵照大本營 2 月 9 日發出的命令，白俄羅斯第三方面軍應在 2 月 20 日至 25 日之前，消滅在柯尼斯堡以南進行防禦的敵海爾斯貝格集團。波羅的海艦隊必須行動，切斷在庫爾梁季亞和東普魯士堅守的敵軍的供應。

在此之間，東普魯士的德軍拿到固守他們所占地域的任務，以便盡可能長久把蘇軍牽制在這裡，不讓蘇軍轉到柏林方向。同時，德國統帥部特別重視柯尼斯堡城堡、皮拉烏海軍基地和海爾斯貝格築壘的防禦。

2 月 10 日，白俄羅斯第三方面軍消滅海爾斯貝格集團的

戰鬥打響了。海爾斯貝格築壘地域，有 900 多個鋼筋混凝土工事和許多土木防禦工事，還有防坦克和防步兵的障礙物。敵軍死守住每一個工事和每道防線，力圖阻止蘇軍前進，蘇軍遭受到重大損失。

2 月 15 日，羅科索夫斯基在給華西列夫斯基的報告中談到了這個情況。此時，蘇軍統帥部的主要注意力在柏林方向。而氣候的急遽變化，也使情況大大複雜化了。

2 月 17 日夜間，最高統帥在聽取了華西列夫斯基關於東普魯士情況的報告後，建議他前去幫助那裡的部隊和首長。

史達林還強調指出，要盡快消滅東普魯士的敵軍，使蘇軍能夠騰出波羅的海的沿岸第一方面軍和白俄羅斯第三方面軍的部隊。這樣一來，一是可用來加強主要的方向，即柏林方向；二是可騰出必要的部隊進行訓練，以便調赴遠東地區。

史達林還建議華西列夫斯基為此目的，要及早準備兩三個精銳的集團軍，並預告說，德國投降兩三個月後，他可能被派去遠東的戰事。

在接受了到東普魯士工作的建議後，華西列夫斯基請求解除自己總參謀長的職務。

他向史達林說出了自己的理由：「從 1943 年起，我的大部分時間是直接在前線執行大本營的任務，只是有時奉召才到莫斯科來。我建議任命實際履行總參謀長職務的我的第一

副手安東諾夫來擔任這一職務，只給我保留副國防人民委員的職務。」

史達林驚奇問道：「這樣的決定不使你感到難堪嗎？」

在聽完華西列夫斯基的答覆後，他轉問在場的安東諾夫，看他對華西列夫斯基的建議作何反應。安東諾夫表示不同意這個意見。

史達林說：「讓我再考慮一下吧！」

當時簽署了一項大本營的訓令，要華西列夫斯基作為大本營的代表，從 2 月 22 日開始去領導白俄羅斯第三方面軍和波羅的海沿岸第一方面軍作戰行動。

最後，史達林又問華西列夫斯基：「你什麼時候起程赴前線呢？」

華西列夫斯基說：「明天吧！」

史達林允許他在家待兩天，去看看戲。而在 19 日的晚上，離開莫斯科的前夕，到他那裡再來一趟。

但是，就在 2 月 18 日的白天，傳來消息說，白俄羅斯第三方面軍司令切爾尼亞霍夫斯基在梅爾扎克城地區，不幸受重傷犧牲了。

華西列夫斯基是在大劇院裡，得知切爾尼亞霍夫斯基的死訊的。當時正在演出，華西列夫斯基的副官科佩羅夫悄悄走到他的跟前說：「元帥，最高統帥請您接電話。」

　　在電話中，史達林說：「告訴你一個非常不幸的消息，白俄羅斯第三方面軍司令切爾尼亞霍夫斯基大將，在梅爾扎克城地區因負重傷犧牲了，大本營準備派你去領導白俄羅斯第三方面軍。」華西列夫斯基當即表示，願意服從大本營的安排。

　　切爾尼亞霍夫斯基的犧牲，讓華西列夫斯基感到非常沉痛。在回憶錄中，華西列夫斯基這樣寫道：

　　我和他很親近，並且非常了解他，我把他看作是一個優秀統帥，一個無限忠誠的共產黨員，一個心地善良的人。

　　我們初次認識是在 1943 年 1 月，在準備和實施佛羅尼斯 —— 卡斯托爾諾耶夫戰役的時候。當時，切爾尼亞霍夫斯基指揮著第六十集團軍。他在指揮自己的首次集團軍進攻戰役時，開始時放不開手，還遇到了極其不利的氣候條件，但是他很快掌握了軍隊，出色完成了規定的任務，在第一天就攻占了佛羅尼斯。

　　這位年輕的集團軍司令在他的集團軍攻占庫爾斯克的戰鬥行動中，獲得了進行戰役領導的更加輝煌的戰績：一天就拿下了這座城市。

　　在白俄羅斯的共同工作，使我和伊凡·達尼洛維奇更加接近。工作是在相互信任、尊重和願意互相幫助的氣氛中進行的。切爾尼亞霍夫斯基當時領導主要的方面軍 —— 白俄羅斯第三方面軍。那時，進行了由這位

紅軍中最年輕的、才華出眾和精力充沛的方面軍司令
指揮的首次方面軍戰役。

華西列夫斯基必須接過切爾尼亞霍夫斯基的指揮棒，繼續領導白俄羅斯第三方面軍進行英勇無畏的戰鬥！

2月19日晚，在奔赴前線的前夕，華西列夫斯基來到了最高統帥那裡。史達林給了華西列夫斯基有關新工作的建議和指示，在告別時，史達林祝華西列夫斯基和部隊取得勝利和成就。

隨後，在接待室裡，史達林的辦公室祕書波斯克列貝舍夫交給華西列夫斯基兩個文件。其中的一個裝著大本營2月18日的命令。只見上面寫著：

1. 鑑於白俄羅斯第三方面軍司令切爾尼亞霍夫斯基大將因負重傷犧牲，任命蘇聯元帥華西列夫斯基為白俄羅斯第三方面軍司令。華西列夫斯基元帥應不遲於今年2月21日到任，指揮方面軍。

2. 在華西列夫斯基元帥到任前，由方面軍參謀長波克羅夫斯基上將代理方面軍司令職務。

3. 撤銷最高統帥部大本營2月17發出的關於委託蘇聯元帥華西列夫斯基領導波羅的海沿岸第二方面軍和白俄羅斯第三方面軍的命令。

在第二個文件裡，華西列夫斯基發現了一份大大出乎他意料的文件，這是一項國防委員會關於改變該委員會 1941 年 7 月 10 日的決定，確定武裝部隊最高統帥部大本營由下列人員組成：

> 最高統帥兼國防人民委員、蘇聯大元帥史達林，副國防人民委員、蘇聯元帥朱可夫，副國防人民委員、蘇聯元帥華西列夫斯基，副國防人民委員布爾加寧大將，總參謀長安東諾夫大將，海軍總司令庫茲涅佐夫元帥。

看完這份文件後，華西列夫斯基心中感到非常的困惑。於是，他問波斯克列貝舍夫，為什麼要作出這樣的決定？因為在幾乎整個戰爭期間，華西列夫斯基作為總參謀長和副國防人民委員，都沒有正式成為大本營的成員。除了朱可夫之外，方面軍司令中沒有一個人作過大本營成員。

對於華西列夫斯基的疑問，波斯克列貝舍夫笑了笑說：「對不起，華西列夫斯基元帥，我對這件事的了解程度，和您完全一樣。」

華西列夫斯基在總參的長期工作，受到了廣泛好評。蘇聯元帥朱可夫曾滿意指出：

> 我們的總參謀部高度掌握了計劃重大策略性和進攻性戰役和戰局的藝術。

親臨東普魯士勢如破竹

1945 年 2 月 20 日，華西列夫斯基抵達在東普魯士的白俄羅斯第三方面軍司令部。2 月 21 日，他便開始著手對該方面軍的領導工作。

早在 1944 年夏季時，華西列夫斯基幾乎在整個白俄羅斯戰役期間，直接參加了這個方面軍的工作，這使他能夠很快適應新環境。因為他不僅非常熟悉該方面軍指揮機關的領導成員，而且也非常了解方面軍下屬多數集團軍一級和軍一級的首長。

很快，華西列夫斯基與軍事委員會委員馬卡羅夫將軍就建立起良好的工作關係。他們彼此了解，在商定直接的行動時沒有發生過任何糾葛，只要有時間，華西列夫斯基就努力去熟悉部隊中的工作。

在與同事們的關係中，華西列夫斯基與紅軍總政治部主任謝爾巴科夫顯得更為親熱。謝爾巴科夫在那些要徵求總參謀部意見的原則問題上，總是和華西列夫斯基商量。

他幾乎每天早晨打電話到總參謀部找華西列夫斯基。如果他在前線，謝爾巴科夫就詢問局勢如何，前線事態有何新發展。

有一次，謝爾巴科夫對華西列夫斯基說：「您一拿起電話筒，我就能根據您的話音猜到前線的事情怎麼樣了。」

　　而史達林也非常信任謝爾巴科夫，凡是謝爾巴科夫同意的文件或者他已簽署的文件，史達林不過目就簽字了。

　　當時，柯尼斯堡附近的情況非常複雜。當白俄羅斯第三方面軍為了消滅敵軍的海爾斯貝格集團進展緩慢之時，波羅的海沿岸第二方面軍則在澤姆蘭德半島和柯尼斯堡城下戰鬥。

　　經過三天的激戰，德軍逼退了蘇軍的進攻，建立了一條連結柯尼斯堡集團和澤姆蘭德集團的走廊。

　　在隨後的戰鬥中，蘇軍遭到了重大損失，部隊的戰鬥人員大大減少了，方面軍的突擊力量降低了，該方面軍幾乎沒有得到補充，因為蘇聯最高統帥部此時仍把全部力量派往柏林方向。

　　在部隊的物資保障方面，尤其是在燃料供應方面，白俄羅斯第三方面軍也碰到了巨大的困難，因為該方面軍離後方很遠，沒有能力及時保障部隊的供應。

　　與此同時，駐守東普魯士的「北方」集團軍群卻仍然有30個師，其中有11個師守在澤姆蘭德半島和柯尼斯堡，另外19個師守在柯尼斯堡的南面和西南面。

　　基於這種局面，蘇軍不得不停止在澤姆蘭德半島的主動戰鬥，以便開始逐步消滅敵軍的其他集團，首先是粉碎最大的海爾斯貝格集團。

1945 年 2 月 24 日，波羅的海第一方面軍劃歸白俄羅斯第三方面軍領導。這樣一來，白俄羅斯第三方面軍兵力十分強大，但是，它的突擊力量是有限的。

鑑於此，華西列夫斯基認為，只有先暫時停止對敵澤姆蘭德集團的 11 個師的主動戰鬥，而把主力用在消滅更大的敵 19 個師組成的海爾斯貝格集團上面。除此方面軍沒有任何其他良策可行。經最高統帥部同意，粉碎敵海爾斯貝格集團的戰役準備必須在 20 天之內完成。

1945 年 3 月 15 日，分割聚殲敵海爾斯貝格集團的戰鬥開始了。在春天道路泥濘和濃霧瀰漫的氣候條件下，蘇軍實現了自己的作戰目的，粉碎了海爾斯貝格築壘地域的敵軍。

在兩個星期的激戰中，蘇軍消滅了德軍 9.3 萬多人，俘獲了 4.6 萬多德軍官兵，繳獲了 600 輛坦克和強擊炮、3560 門野戰火炮、1440 門迫擊炮以及 128 架飛機。

緊接著，粉碎柯尼斯堡集團的任務被提上了作戰日程。

對於弗里舍斯 —— 哈弗灣南岸的會戰，使華西列夫斯基一生都難以忘懷。在回憶錄中，華西列夫斯基寫道：

> 春雨使河水溢岸，把整個地域變成了沼澤，蘇聯軍人走過沒膝的泥濘，衝破炮火和煙霧，直指法西斯集團的中心。

敵人企圖擺脫蘇軍，慌忙跳上駁船、舢板、輪船，隨後就炸毀了堤壩。由於浪濤向平原傾瀉，有幾千希特勒士兵葬身水中，而那些得以逃生的人又落入了蘇軍的火網，飛行員掃射了載著法西斯分子駛向海裡的輪船和駁船。

此時，柯尼斯堡守備部隊有四個步兵師、一些獨立團、要塞部隊、警備分隊和民眾衝鋒隊，總共約有 13 萬士兵、100 余輛坦克和強擊炮、4000 門火炮和迫擊炮。在澤姆蘭德半島各機場還有 170 架作戰飛機。

除了在 1945 年 1 月被蘇軍攻破的外城外，敵軍還有三道防禦陣地。第一道設在離市中心 6 公里至 8 公里處，有幾條密布障礙線和布雷區的防線。

在這道陣地上，有 15 座堅固的堡壘，每座堡壘都部署有一支精幹的守備隊。沿城區周圍是第二道陣地，包括一些石建築、街壘和鋼筋混凝土發射點。

環繞市中心的第三道陣地，主要是由一些稜堡、塔樓和堅固的建築物組成的。在柯尼斯堡的市中心，還有一個古堡，可容納幾千人。這裡的內城守備部隊由法西斯分子組成。

為了攻克這座堡壘，大本營從最高統帥部的預備隊中，抽出最強大的壓制兵器來補充方面軍。

在強攻開始時，方面軍有 5,000 門火炮和迫擊炮，其中 47% 是重炮，其次是大威力和特別大威力的火炮，口徑為 203 毫米至 305 毫米。

為了炮擊最重要的目標，不讓敵軍沿柯尼斯堡海路撤退軍隊和裝備，指定了5個海岸鐵道砲兵連守住各個通道，給他們配備的是射程可達34公里的火炮。

攻城地面部隊得到配屬給各步兵師的大口徑火炮和160毫米的迫擊炮支援。為了摧毀特別強的建築、工程和工事，還特別成立了軍的和師的砲兵群，給他們配屬了特大威力的火炮和火箭炮。

投入這次戰役的，有白俄羅斯第三方面軍的二個空軍集團軍、列寧格勒方面軍、白俄羅斯第二方面軍和波羅的海艦隊的航空兵，以及空軍主帥戈洛瓦諾夫指揮的遠程航空兵第十八集團軍的重型轟炸機群。

當時，有2500架飛機參加了對柯尼斯堡的強攻。無論是白天還是黑夜，他們都沒有停止行動。紅軍空軍司令、空軍主帥諾維科夫領導了航空兵的全部活動。

1945年3月16日，華西列夫斯基向最高統帥呈交報告，詳細陳述了東普魯士的情況。

次日，大本營通知，他們提出的作戰計劃被批准了。粉碎柯尼斯堡西南的敵東普魯士集團的戰鬥，規定不遲於3月22日結束；粉碎敵柯尼斯堡集團的戰役，應不遲於3月28日開始。

在3月17日夜間，華西列夫斯基與史達林通電話，向他

報告這個期限是不現實的。消滅海爾斯貝格集團將於 3 月 25 日至 3 月 28 日完成。重新部署部隊大約需要 3 天至 4 天的時間。因此，華西列夫斯基要求准許 4 月初開始砲兵和航空兵進攻。

最後史達林同意了華西列夫斯基的請求，並建議他吸收白俄羅斯第二方面軍、波羅的海艦隊和空軍第十八集團軍的飛機參加這次戰役，並許諾派兩名空軍主帥諾維科夫和戈洛瓦諾夫前去做他的助手。

3 月 25 日，白俄羅斯第三方面軍攻占了德軍在弗裡什——哈弗灣岸的最後一個防禦據點海林跟拜爾市。3 月 29 日，蘇軍完成了消滅海爾斯貝格集團的作戰。隨後，蘇軍的全部注意力轉到柯尼斯堡集團。

在強攻開始前，蘇軍的砲兵和航空兵在 4 天中，破壞了這個要塞的永備防禦工事，蘇軍了解了全部防禦的詳細情況，在絕對準確的城市模型上，各級指揮官一步一步演練強攻計劃。

以波克羅夫斯基上將為首的方面軍司令部，進行了大量的工作。軍隊在從敵人那裡奪來的永備發射點中和塹壕中進行操練，研究巷戰戰術。

4 月 6 日是一個晴朗的日子，在強大的炮火準備後，蘇軍開始了強攻。攻擊開始後，華西列夫斯基先後到了第

　　四十三集團軍、第三十九集團軍和近衛第十一集團軍巡視。只見蘇聯軍人勇敢而毫不動搖地強攻敵人的堡壘，士兵們在火焰、煙霧和塵埃中奮不顧身前進。

　　第四十三集團軍克服要塞內層防線敵人的頑抗，肅清了該市南北面的敵人。同時，近衛第十一集團軍從南面進攻，強渡普列戈利亞河。此時，用火炮和迫擊炮進行射擊就有危險了，因為很有可能打到自己人。於是，砲兵只好停止射擊。

　　因此，英雄的蘇聯軍人們在強攻的最後一天，幾乎都是用自己手中的武器射擊，最後投入了白刃戰。合圍圈終於在該市西面合攏了。德軍守備部隊的殘部，和澤姆蘭德半島戰役集群的聯繫被切斷。到強攻的第三天，蘇軍已占據了這個要塞內的三百多道街區。

　　4月8日，為了避免無謂的犧牲，華西列夫斯基以蘇軍方面軍司令的身分，要求柯尼斯堡集群的將軍、軍官和士兵放下武器。然而，守敵決心抵抗到底。

　　於是，在4月9日清晨，戰鬥又更加激烈了，蘇軍的5000門火炮和迫擊炮、1500架轟炸機，對要塞造成毀滅性的打擊！不一會，德軍就開始投降了，在戰鬥的第四天終了時，柯尼斯堡終於被攻克了。

　　在方面軍司令部的審訊中，德軍的柯尼斯堡警備司令拉什將軍說：

要塞的士兵和軍官在頭兩天守衛堅定，但是俄國人的
力量遠遠勝過我們，並且占了上風。他們善於隱蔽集
中了如此多的砲兵和飛機，集中運用這些兵器，從而
摧毀了要塞的工事，並使士兵和軍官喪膽。我們完全
失去了對軍隊的指揮。

我們到大街上，想和各部隊的司令部取得聯繫，可是
不知道該往哪裡走，完全迷失了方位。破壞得如此屬
害的城市已經變了樣。怎麼也不曾想到，像柯尼斯堡
這樣的要塞竟會如此迅速陷落。

俄國的統帥部擬定並且出色完成了這次戰役。在柯尼斯
堡城下，我們喪失了整整十萬軍隊。柯尼斯堡失守，這是失
掉了最大的一個要塞和德國在東方的支點。

當蘇軍前線部隊還在清點戰利品的時候，捷報就傳到了
莫斯科。1945 年 4 月 9 日夜間，首都上空響起了 324 門大砲
齊放 24 響，向強攻柯尼斯堡的英雄們勇敢的精神致敬。

在爭奪柯尼斯堡的戰鬥中，蘇聯軍人再次表現了驚人的剛
強性格、大無畏的精神和群眾性的英雄主義。在此戰役中，有
200 人由於立下了巨大的功勛，獲得了「蘇聯英雄」的稱號。

攻克柯尼斯堡後，在東普魯士就只剩下敵軍澤姆蘭德集
團。該集團有八個師，其中有一個坦克師。

4 月 11 日，華西列夫斯基再次要求敵軍停止無望的抵
抗，並下了最後通牒，其內容如下：

留在澤姆蘭德的德國將軍、軍官和士兵們：

蘇聯白俄羅斯第三方面軍司令、蘇聯元帥華西列夫斯基對你們講話。

你們清楚知道，德國全軍已經遭到徹底的粉碎。俄國人已到達柏林城下和維也納，盟軍到了萊茵河東 300 公里處。盟軍已占領不來梅、漢諾威、不倫瑞克，直抵萊比錫和慕尼黑。半個德國已在俄國人和盟軍的手中。

德國最堅固的要塞之一柯尼斯堡在 3 天內就被打下來了。要塞司令、步兵將軍拉什已接受了我提出的投降條件，帶著大部分守備部隊投降了，投降就俘的總共有德軍 9.2 萬名士兵、1819 名軍官和 4 名將軍。

為了避免不必要的流血，我要求你們：在 24 小時內放下武器，停止抵抗，投降就俘。凡是停止抵抗的將軍、軍官和士兵，都將得到生命保障和足夠的飲食，並在戰後予以遣返。所有傷病員將立即得到醫療。我允諾對一切投降者給予無損士兵尊嚴的待遇，和平的居民將得到許可回城回鄉勞動。

這些條件對兵團、團、分隊、小組和個人都同樣適用。如果我的要求在提出後 24 小時內未被執行，你們將有被殲滅的危險。

德軍軍官和士兵們！如果你們的指揮官不接受我的最後通牒，你們就單獨行動吧！保全性命，投降就俘吧！

蘇聯白俄羅斯第三方面軍司令、蘇聯元帥

華西列夫斯基

1945 年 4 月 11 日 24 時

但是，華西列夫斯基最後通牒的這個要求，沒有在規定的時間內得到回答。

於是，在 4 月 13 日晨，蘇軍再次發起進攻。方面軍集中了雙倍的優勢兵力，在中部費什豪森總方向上實施主要突擊，目的是分割德軍集團，然後加以各個殲滅。從北向南並肩作戰的是近衛第二和第十一集團軍，第五集團軍、第三十九集團軍和第四十三集團軍。

4 月 17 日，白俄羅斯第三方面軍經過一番激烈的戰鬥後，占領了費什豪森，澤姆蘭德半島上的德軍被徹底肅清了。

4 月 25 日，白俄羅斯第三方面軍在波羅的海艦隊的參戰下，攻克了皮拉烏，這是德軍在澤姆蘭德半島上的最後一個據點。

至此，整個東普魯士戰役以蘇軍的全面勝利而告終。

東普魯士戰役具有重大意義。蘇軍攻占了東普魯士，摧毀了德國軍國主義的東方前哨，解放了波蘭北部部分地區。德國丟掉東普魯士後，喪失了一個重要的國家經濟區。德軍 25 個師被殲，12 個師遭重創，大大削弱了德國武裝力量。攻占東普魯士後，紅旗波羅的海艦隊艦艇的駐泊條件得到了改善，把戰鬥力量轉移到了波羅的海西南部。德軍海上交通線被完全破壞，其被封鎖於蘇聯波羅的海沿岸的庫爾蘭集團，補給變得十分困難。

　　東普魯士戰役使蘇軍取得了在濱海方向計劃、組織和實施方面軍群、艦隊、航空兵龐大兵力的策略性進攻戰役的經驗，使其突破德軍縱深梯次防禦和築壘地域的經驗更豐富了。戰役開始時白俄羅斯第三方面軍第二梯隊為擴大第三十九集團軍戰果在原定地段以北進入交戰的經驗值得借鑑。陰雨天氣嚴重限制了航空兵在戰役第一日的行動，因此，在實施突破、對衝擊進行火力支援和對進攻軍隊進行火力護送時壓制德軍防禦的重任均由砲兵承擔。

　　合圍戰役是透過實施分割突擊來完成的，這種分割突擊的目的是將德軍集團逼向波羅的海和柯尼斯堡地域各海灣。

　　蘇軍在強擊柯尼斯堡要塞時表現了高超的藝術。砲兵和航空兵對攻占要塞起了重要作用。前線航空兵空軍第一和第三集團軍，遠程航空兵空軍第十八集團軍，紅旗波羅的海艦隊航空兵一部，在攻占要塞以及消滅澤姆蘭德半島德軍時，都對陸軍提供了支援。

　　蘇軍許多戰功卓著的兵團和部隊被授予勛章和「柯尼斯堡」、「英斯特堡」、「貢賓南」等榮譽稱號。為了紀念獲得的勝利，蘇聯最高蘇維埃主席團頒發了「攻克柯尼斯堡」獎章。

擔大任掃平日本關東軍

在東普魯士戰役結束後，華西列夫斯基被調離白俄羅斯第三方面軍。1945 年 4 月 27 日，華西列夫斯基開始著手制訂對日作戰計劃。

在 1945 年 5 月的頭幾天是戰勝德國法西斯的節日，華西列夫斯基是在波羅的海沿岸度過的。

5 月 10 日，他回到莫斯科。

當時，蘇總參謀部正在周密地研究遠東問題。總參謀長安東諾夫、作戰部長什捷緬科和洛莫夫將軍已經做了許多工作。

早在 1944 年秋天，白俄羅斯策略性戰役結束後，最高統帥部就委託華西列夫斯基，著手為蘇軍在阿穆爾河，即黑龍江沿岸和濱海地區作初步的計算。當時，還估計了必要物資的數量。

但在雅爾塔會議之前，未作出對日本作戰的詳細計劃。

1943 年，華西列夫斯基的同事，也是他的好朋友普爾卡耶夫上將，被任命為遠東方面軍司令，以接替帕納先科大將。

1945 年 3 月至 4 月，遠東部隊進行了換裝。調運到那裡的有 670 輛 T-34 式坦克和其他技術兵器。

4 月底，蘇聯最高統帥部大本營最後決定並批准，把具有在類似遠東自然條件下有作戰經驗的部隊從西方調到東方。

　　因此，蘇聯軍隊在 1945 年 5 月至 7 月間，從西方大量調到東方。調到後貝加爾的是柳德尼科夫上將的第三十九集團軍、馬納加羅夫上將的第五十三集團軍、克拉夫欽科坦克兵上將的近衛坦克第六集團軍；調到濱海地區的是克雷洛夫上將的第五集團軍。

　　1945 年 4 月 5 日，蘇聯政府透過外交人民委員會，向日本駐莫斯科大使聲明廢除日蘇中立條約。

　　遠東戰局的主要軍事策略目標是：摧毀日本軍國主義的主要突擊力量關東軍，並從日本侵略者手中解放中國東北各省和北朝鮮。這一任務如果解決得順利，就能加速日本的投降。

　　早在雅爾達會議之前，最高統帥史達林就指示華西列夫斯基和安東諾夫，考慮研究縮短對日戰局的準備期。

　　華西列夫斯基他們與紅軍後勤部長赫魯雪夫將軍經過商量後，得出結論：只有在不必把部隊的汽車調運到遠東時，才能做到這一點。當美國表示願意出力把汽車運到蘇聯遠東港口時，這個問題得到部分解決。

　　根據蘇聯最高統帥部採納的策略計劃，從後貝加爾方面和蘇聯濱海地區方面，實施兩個主要的相向突擊，從哈巴羅夫斯克西南地區實施輔助突擊。目的是合圍關東軍主力，並加以消滅之。

　　鑑於遠東戰場極其遙遠，幅員遼闊，自然條件複雜，再加上必須適當、及時使用太平洋艦隊為三個方面軍服務，國防委員會為了對軍事行動實施策略領導，成立了遠東蘇軍總指揮部。最高統帥部大本營任命華西列夫斯基為遠東方面軍總司令，任命希金中將為軍事委員會委員，伊凡諾夫上將為參謀長。

　　和華西列夫斯基一起被大本營派往遠東地區的，還有蘇軍空軍總司令諾維科夫空軍元帥，通信兵副主任普蘇爾采夫通信兵上將，砲兵副司令奇斯佳科夫砲兵元帥，後勤部副部長維諾格拉多夫上將以及國防人民委員部其他一些重要工作人員。

　　對於如此的安排，華西列夫斯基在回憶錄中這樣寫道：

> 在我看來，成立遠東軍總指揮部作為對軍隊實行策略領導的機關，是正確的。
> 有了這樣一個機關，就能有效執行最高統帥部的指示，就能估計戰役策略形勢和軍事政治形勢的一切變化，並對這些變化作出及時反應，也能給各方面軍必要的幫助。
> 最高統帥跟我的聯繫以及和各作戰方面軍的聯繫，都是直接的和經常的，甚至在他參加波茲坦會議時也是如此。

　　在 1945 年 8 月 5 日之前，為了保密起見，遠東第一方面軍稱為濱海集群。

1945 年 4 月起，曾由原卡累利阿方面軍首長領導的遠東第二方面軍稱為遠東方面軍，而遠東蘇軍司令部則稱為瓦西里耶夫上將作戰組。「瓦西里耶夫」是華西列夫斯基的化名。

在 1945 年 6 月至 7 月初，蘇軍總參謀部和各方面軍司令一起，訂正了遠東戰局計劃。到 6 月 27 日，總參謀部根據大本營作出的策略決定，全部結束對各方面軍的命令草擬工作。6 月 28 日，這些命令已由大本營批准。

在給後貝加爾方面軍司令的命令中強調：

> 以迅猛行動攻入，和濱海集群和遠東方面軍協同動作，粉碎關東軍，並攻占赤峰、奉天、長春和扎蘭屯地區。戰役要立足於突擊的突然性和使用方面軍的快速兵團，首先是使用近衛坦克第六集團軍。

大本營給濱海軍隊集群司令的命令要求：

> 攻入中滿，會同後貝加爾和遠東方面軍，粉碎關東軍並攻占哈爾濱、長春和清津地區。
> 遠東方面軍司令必須支援後貝加爾方面軍和濱海集群粉碎關東軍，並攻占哈爾濱地區。

7 月 5 日，華西列夫斯基抵達赤塔後，把大本營的命令交給後貝加爾方面軍司令。在同一時期，命令也分送給濱海軍隊集群司令和兩個遠東方面軍司令。

隨後，華西列夫斯基和馬利諾夫斯基來到了後貝加爾方

面軍的主要地段，做了一系列的勘察，並和集團軍和軍的首長以及師長們一起討論情況。最後，對原先訂下的計劃做了重大修改，縮短了訓令中規定的各部隊完成基本任務的期限。

在 7 月間，在最有經驗的指揮官們領導下，蘇軍部隊進行了接近於他們所應解決的戰鬥任務專題的諸兵種聯合演習。各方面軍在改進戰役的物質技術保障方面，做了大量的工作。

7 月 16 日，史達林從波茲坦打電話到離赤塔西南 25 公里的遠東軍隊司令部，找到華西列夫斯基，詢問他戰役準備工作做得如何，並問這一工作能否提前 10 天完成。

華西列夫斯基報告說：「部隊的集中以及一切最必需的物資的調運，都不可能做到這一步，還是維持原定日期比較妥當。」

史達林對此表示同意。華西列夫斯基認為，「史達林之所以關心戰役開始的日期，是出於軍事和政治的考慮。」

1945 年 7 月 30 日，最高統帥部大本營發出命令：任命華西列夫斯基元帥為遠東蘇軍總司令。從 8 月 1 日起，後貝加爾方面軍、兩個遠東方面軍、濱海軍隊集群和太平洋艦隊統歸蘇聯遠東軍總司令指揮。

8 月 2 日，最高統帥部大本營給華西列夫斯基發來命令：

最高統帥部大本營命令：

從 1945 年 8 月 5 日起：

1. 濱海軍隊集群改稱遠東第一方面軍。

2. 遠東方面軍改稱遠東第二方面軍。

3. 瓦西里耶夫上將作戰組改稱遠東蘇軍總司令的司令部。

4. 任命伊凡諾夫上將為遠東蘇軍總司令的參謀長。

8 月 7 日，大本營又發來了新的命令。後貝加爾、遠東第一和第二方面軍於 8 月 9 日開始軍事行動，以完成大本營 6 月 28 日訓令中規定的任務；各方面軍航空兵的戰鬥行動從 8 月 9 日晨開始；後貝加爾方面軍和遠東第一方面軍的地面部隊於 8 月 9 日晨越過滿洲邊境；遠東第二方面軍按照華西列夫斯基的指示行動，太平洋艦隊進入一級戰備，著手布雷，停止單船航行，運輸工具都調到集中點，而後在軍艦的保護下組織船隊航行，展開潛艇，艦隊從 8 月 9 日晨開始戰鬥行動。

華西列夫斯基經常向最高統帥史達林報告戰鬥行動準備進程，以後則直接報告與日軍作戰的情況。

在進攻的前夜，華西列夫斯基再次打電話給史達林，但他的助手說史達林正在看電影，讓他晚點再打電話報告，華西列夫斯基也這麼做了。

進攻的時刻終於到了，當總指揮部牆上的時針指向 8 月

9 日零時 10 分時，華西列夫斯基元帥的一聲令下，在馬利諾夫斯基元帥指揮的後貝加爾方面軍的進攻方向上，頓時響起了轟炸機和坦克發動機的巨大引擎聲響。

蘇聯遠東軍百萬雄師以排山倒海之勢，在 4000 多公里戰線上突入中國東北，向日本關東軍發起全線總攻擊。

後貝加爾方面軍走到了難以通行的地區。因一時找不到一幅像樣的地圖，所以蘇軍的製圖機構花了好大的力氣，才保證指揮員有必要的資料。

日軍萬萬沒有料到，蘇軍在極其困難的條件下，竟能在一個星期內透過了幾百公里。日本關東軍從西北方面受到了非常大的打擊，以致關東軍從此一蹶不振。

按照華西列夫斯基事先預定的方案，蘇軍兵分四路：由馬列諾夫斯基指揮的後貝加爾方面軍擔任主要突擊，穿越內蒙古草原，突入東北中部平原，與遠東第一方面軍相呼應，切斷關東軍與華北日軍的聯繫，分割圍殲關東軍第三軍主力於長春、瀋陽等地。

由喬巴山指揮的蒙古集團軍和普列耶夫上將指揮的蘇蒙騎兵機械化集群，從右翼配合，向承德、錦州和張家口突擊；

以擅長森林戰、山地戰而著稱的麥列茲科夫元帥，率遠東第一方面軍從東面突入，強渡烏蘇里江，分割圍殲關東軍第一方面軍主力於牡丹江、通化地區，然後向吉林、長春、哈爾濱挺進。

由普列卡耶夫大將指揮的遠東第二方面軍，策應後貝加爾方面軍和遠東第二方面軍，策應後貝加爾方面軍和遠東第一方面軍北翼部隊，擔任輔攻，突破黑龍江和烏蘇里江防線，經由伯力、海蘭泡向哈爾濱和齊齊哈爾方向進軍，牽制並殲滅關東軍的獨立第四軍。

此外，遠東第一方面軍南翼部隊在太平洋艦隊配合下，切斷關東軍和日本本土的聯繫，進擊朝鮮北部並消滅那裡的日軍。

蘇聯遠東軍的四路大軍，形成了一個巨大的馬蹄形戰線，他們克服了沼澤地帶道路泥濘和無路可走的困難，翻過大興安嶺山脈，越過莽莽的原始森林，在無水炎熱的沙漠上、在峭壁重疊的內蒙古高原上展開了進攻。馬蹄形的戰線越縮越小，對關東軍形成了一個包圍圈。

與此同時，活躍在白山黑水之間的中國東北抗日聯軍，也廣泛襲擊日軍，配合蘇軍的作戰。

大兵壓境，日軍像雪崩似全線潰退。

8 月 10 日，蒙古人民共和國對日宣戰，由喬巴山元帥率領的蒙古人民革命軍，加入到普利耶夫所部向張家口方向的進攻，兩軍的聯合進攻一開始就進展得十分順利，最初幾次突擊的突然性和力量，使蘇軍立即取得了戰場上的主動權。

經過幾天的浴血奮戰，到 8 月 14 日，遠東第一方面軍在

司令員麥列茲科夫元帥的指揮下，迅速突破敵人堅固的築壘防禦地帶，向東北腹地推進了 120 公里至 150 公里。

北翼部隊連續攻克了虎林、密山、綏芬河、東寧、東興、琿春和慶興等地，前進到日軍林口 —— 牡丹江一線，打開了通往東北中部的大門；南翼部隊在太平洋艦隊配合下，於 8 月 12 日攻占朝鮮北部的雄基、羅津兩港口，不久又攻占清津港。

遠東第二方面軍在 8 月 14 日前攻占了饒河、寶清，並封鎖了孫吳。後貝加爾方面軍到 9 月 11 日已經攻占魯北、多倫等地。關東軍第一道防線已被突破，各大據點的日軍完全被分割包圍。

蘇軍的摩托化部隊全速向哈爾濱方向急速前進，第六坦克近衛集團軍的千餘輛坦克，也一路轟鳴著向瀋陽和長春方向開去。

1945 年 8 月 14 日，日本透過瑞士向各盟國發出了同意無條件投降的電報。同時，裕仁天皇在祕密錄音室裡錄製了投降詔令的磁帶，以備明晨向全世界播出。

遠東第二方面軍所屬各部，在這幾天內占領了北滿策略重鎮佳木斯，沿松花江順流而上直取哈爾濱的進攻情況良好。此外，太平洋艦隊已牢牢封鎖住了朝鮮北部沿岸。

遠東第二方面軍的第十六集團軍，主要負責從北庫頁島

向日軍占領的南庫頁島發起進攻。堪察加防區的各部隊根據華西列夫斯基 8 月 15 日發布的命令,占領了千島群島。

從空中支援方面軍部隊的是空軍上將日加列夫的空軍第十集團軍。海上和內河水兵參加了登陸千島群島和南薩哈林,強渡阿穆爾河和烏蘇里江,並參加了松花江的戰鬥。

8 月 17 日,關東軍總司令山田乙三將軍,在對潰散的部隊最終喪失指揮權,並意識到繼續抵抗已毫無意義時,於當日 15 時,透過關東軍司令部的廣播電臺,向遠東蘇軍總指揮部司令華西列夫斯基提出了停戰談判的請求。

日本關東軍司令部廣播的聲明如下:

> 為了盡快停止軍事行動,我們關東軍首長今晨頒布命令,以便我方代表乘坐的飛機能在 8 月 17 日 10 至 14 時之間飛往下列城市:牡丹江、密山、穆稜,與紅軍當局建立接觸。關東軍司令部希望這一措施不致引起誤會。

8 月 17 日 17 時,華西列夫斯基又收到了山田本人親自簽署的無線電報,說他已命令日本軍隊立即停止軍事行動,向蘇軍交出武器。

19 時,日軍飛機在遠東第一方面軍駐地投下了兩個通信筒。筒內裝有日軍第一方面軍司令部關於停止軍事行動的要求。

但是，多數地區的日軍不僅繼續反抗，而且有的地區還進行反撲。因此，華西列夫斯基不得不當即發電報給山田將軍：

> 日本關東軍司令部曾發報給遠東蘇軍司令部，提議停止軍事行動，但卻隻字不提滿洲的日本武裝部隊的投降問題。同時，日軍在蘇日戰線的一系列地區轉入反攻。茲向關東軍司令提出從 8 月 20 日 12 時起，在全線停止對蘇軍的任何戰鬥行動，繳械投降。

之所以提出上述期限，是為了使關東軍司令部能將停止抵抗和投降就俘的命令下達到所有的部隊。一旦日軍開始繳械，蘇軍將停止戰鬥行動。

同時，華西列夫斯基下達命令給麥列茲科夫，要求他派出代表到牡丹江和穆稜的機場，授權他們通知關東軍司令部的代表：只有當日軍開始投降就俘時，蘇軍的軍事行動才能停止。

8 月 18 日晨 3 時 30 分，山田透過電臺，答覆蘇軍總指揮部，準備履行一切投降條件。

8 月 18 日，日軍在前線的許多地區開始投降就俘。

為了加速解除已投降的日軍的武裝，並解放日軍占領區，8 月 18 日，華西列夫斯基對後貝加爾方面軍，以及遠東第一和第二方面軍下達命令：

鑑於日軍已無力反抗，但道路不通的情況卻嚴重阻礙我軍主力迅速前進完成既定任務，為了立即占領長春、奉天、吉林和哈爾濱這幾個城市，必須用這些支隊或與此類似的支隊解決各項後續任務，不要怕它們離自己的主力太遠。

命令已經下達，這樣的支隊在後貝加爾方面軍和遠東第一方面軍的各集團軍中紛紛建立起來，他們是由坦克部隊、乘坐汽車的步兵分隊，以及自行火炮和反坦克殲擊砲兵分隊組成的。

為了占領重要的軍事目標和工業目標，並接受日軍警備部隊的投降，向奉天、長春、旅順口、大連、吉林、哈爾濱派出空降兵。先遣支隊繼空降兵之後，進入奉天、長春、旅順口、大連，隨後是近衛坦克第六集團軍的部隊和兵團。

8 月 18 日，遠東第一方面軍副參謀長謝拉霍夫少將指揮的空降兵，在哈爾濱機場意外遇見了關東軍參謀長秦彥三郎中將。謝拉霍夫和他談話時，建議他在按日軍當局意見挑選的人員陪同下，乘坐蘇軍飛機到遠東第一方面軍司令指揮所，以便商談有關全部關東軍投降的事宜。秦彥三郎接受了這一建議。

8 月 19 日，遠東時間 15 時 30 分，在麥列茲科夫元帥的陪同下，蘇聯遠東軍總司令華西列夫斯基與秦彥三郎和日本駐哈爾濱領事宮川，展開了會晤。

　　華西列夫斯基向秦彥提出投降程式的要求，指定受降的集合點、行動路線和時間。秦彥接受了全部條件，他還向華西列夫斯基解釋說，某些日軍部隊沒有執行繳械命令，是由於關東軍當局未能及時把投降令傳達下去，因為關東軍司令部在蘇軍進攻的第二天，就失去了對部隊的指揮。

　　華西列夫斯基警告秦彥三郎說，日軍必須繳械投降，包括軍官在內，而且俘虜的伙食在投降初期應由日軍領導負責安排，部隊必須和存糧一起移交到蘇軍手中，日軍將領必須帶自己的副官和個人必需品一同到場。蘇軍聲明保證不僅對高級軍官，而且對全體戰俘採取人道主義的態度。

　　在確定了關東軍投降的細節之後，秦彥三郎和隨行人員被准許乘坐蘇軍飛機，在蘇聯軍官的陪同下到達自己的司令部。

　　在整個談判過程中，秦彥三郎和他的多數隨行人員表情沮喪。華西列夫斯基每說一句話，他們都連連點頭。

　　從 8 月 19 日，日軍到處幾乎都投降。

　　至 8 月底，消滅日本關東軍、解放中國東北地區和朝鮮為目的的遠東戰役，勝利結束了。

　　不僅日本關東軍徹底敗亡了，整個日本軍國主義的戰爭也全部被打碎。

　　蘇軍在中國東北對日本作戰，共斃傷俘日軍 68 萬餘人，徹底粉碎了日本關東軍主力，解放了中國東北、薩哈林島南部和千島群島以及北朝鮮。

蘇軍遠東戰役的勝利，縮短了對日作戰取勝的時間，加速了日本的投降。華西列夫斯基在這一戰役過程中，再度表現出他作為軍事首長所具有的幹練的組織能力和高超的指揮藝術，因此再次榮膺「蘇聯英雄」稱號。

戰後，華西列夫斯基出任蘇軍總參謀長和蘇聯武裝力量部副部長。1949 年 3 月，出任蘇聯武裝力量部部長，1953 年任國防部副部長。從 1959 年起，出任蘇聯國防部總監察組總監。

華西列夫斯基的回憶錄《畢生的事業》一書，對研究第二次世界大戰和期間蘇軍最高統帥部具有很高的參考價值。

1977 年，素有足智多謀而又謙虛謹慎的蘇聯元帥亞歷山大・米哈伊洛維奇・華西列夫斯基，與世長辭，享年 82 歲。

附錄

善於在下屬面前保持自重，應是軍事首長的一種必
不可少的品格。

—— 華西列夫斯基

年譜

1895 年 9 月 30 日，華西列夫斯基生於伊萬諾沃州新戈利奇哈鎮一神甫家庭。

1915 年 9 月，華西列夫斯基在阿列克謝耶夫軍事學校速成班畢業後，參加第一次世界大戰，任連長、上尉代理營長。

1919 年，參加紅軍，歷任副排長、連長、營長、副團長、團長，參加過對波蘭軍隊的作戰。20 年代任師屬學校校長，並連續八年擔任團長，出色完成部隊訓練任務。

1931 年 5 月，調工農紅軍軍訓部工作。

1934 年，任窩瓦河沿岸軍區軍訓部長。

1936 年，進入總參軍事學院深造，翌年畢業後調總參謀部任職。

1938 年，加入蘇聯共產黨。

1940 年 5 月，任總參作戰部副部長，參與制訂蘇軍在北方向、西方向和西北方向策略展開的作戰計劃。

1941 年 6 月，蘇德戰爭爆發，華西列夫斯基所在的總參作戰部成為蘇軍最高統帥部大本營的核心部門。同年 8 月，升任副總參謀長兼作戰部部長，獲少將軍銜。

1942 年 4 月，華西列夫斯基被晉升為上將，兩個月後被任命為蘇軍總參謀長。10 月兼任蘇聯副國防人民委員。

1942 年 7 月 23 日，史達林格勒告急，史達林派華西列夫斯基上將作為最高統帥部代表前往史達林格勒前線協助指揮戰事。

1943 年 1 月 18 日，史達林格勒會戰後，華西列夫斯基被授予大將軍銜，並獲「蘇沃洛夫一級勳章」。

1943 年 2 月 16 日，蘇聯最高蘇維埃主席團發布命令，授予華西列夫斯基「蘇聯元帥」軍銜。同年夏在庫爾斯克會戰中，組織佛羅尼斯方面軍和草原方面軍協同作戰。

1944 年夏，參與領導白俄羅斯戰役的組織與實施，與另一大本營代表朱可夫一起，為粉碎德軍中央集團軍群和解放白俄羅斯作出重大貢獻，獲蘇聯英雄稱號。

1945 年 2 月，在東普魯士戰役中，被任命為白俄羅斯第三方面軍司令，率部殲滅德軍東普魯士集團。德國投降後被任命為遠東蘇軍總司令，重新調整遠東蘇軍的部署，成功地組織實施了消滅日本關東軍的策略性進攻戰役，第二次獲蘇聯英雄稱號。

1948 年 11 月，華西列夫斯基任武裝力量部第一副部長，次年 3 月任武裝力量部部長。

1953 年 3 月，任國防部第一副部長。

1956 ～ 1957 年，任國防部主管軍事科學研究工作的副部長。

1959 年 1 月，任國防部總監組總監。

1977 年 12 月 5 日，華西列夫斯基元帥與世長辭，享年 82 歲。

名言

行動要有目的性。

信仰是心中的綠洲。

良好的開端，等於成功的一半。

確信你是正確的，就勇往直前。

軍人最重要的東西是榮譽和尊嚴。

具有決定性的行動愈簡單，則成功的機會也就愈大。

一個不注意小事情的人，永遠不會成功大事業。

要成功一項事業，必須花掉畢生的時間。

事業的成功沒有止境，它是一場無終點的追求。

一個成功者所知道的，除了勤奮，便是謙遜。

人的理想志向往往和他的能力成正比。

名言

電子書購買

國家圖書館出版品預行編目資料

納粹粉碎者華西列夫斯基：一生與國家共進退，
一戰嶄露頭角，二戰大放光芒，瓦解希特勒的
稱霸之夢 / 潘于真，陳秀伶編著 . -- 第一版 . --
臺北市：崧燁文化事業有限公司 , 2022.10
　面；　公分
POD 版
ISBN 978-626-332-749-8(平裝)
1.CST: 華西列夫斯基 (Vasilevsky, Aleksandr
Mikhaylovic, 1895-1977) 2.CST:　軍　事　家
3.CST: 傳記 4.CST: 俄國
784.88　　111014578

納粹粉碎者華西列夫斯基：一生與國家共進退，一戰嶄露頭角，二戰大放光芒，瓦解希特勒的稱霸之夢

臉書

編　　　著：潘于真，陳秀伶
發 行 人：黃振庭
出 版 者：崧燁文化事業有限公司
發 行 者：崧燁文化事業有限公司
E - m a i l：sonbookservice@gmail.com
粉 絲 頁：https://www.facebook.com/sonbookss/
網　　　址：https://sonbook.net/
地　　　址：台北市中正區重慶南路一段六十一號八樓 815 室
Rm. 815, 8F., No.61, Sec. 1, Chongqing S. Rd., Zhongzheng Dist., Taipei City 100,
Taiwan
電　　　話：(02) 2370-3310　　　傳　　真：(02) 2388-1990
印　　　刷：京峯彩色印刷有限公司（京峰數位）
律師顧問：廣華律師事務所 張珮琦律師

定　　　價：350 元
發行日期：2022 年 10 月第一版
◎本書以 POD 印製